40 MANERAS DE DEJAR ATRÁS LA MEDIOCRIDAD

Fuera de lo común

John Mason

WHITAKER
HOUSE
Español

Traducción al español por:
Belmonte Traductores
www.belmontetraductores.com

Editado por: Ofelia Pérez

Fuera de lo común
40 maneras de dejar atrás la mediocridad

© 2023 por John Mason

ISBN: 979-8-88769-078-0
eBook ISBN: 979-8-88769-079-7
Impreso en los Estados Unidos de América.

Whitaker House
1030 Hunt Valley Circle
New Kensington, PA 15068
www.whitakerhouse.com

Por favor, envíe sugerencias sobre este libro a: comentarios@whitakerhouse.com.

1 2 3 4 5 6 7 8 9 10 11   **W**   30 29 28 27 26 25 24 23

Dedico este libro a mi Señor y Salvador Jesucristo.
Seguirte a ti siempre conduce a estar fuera de lo común.

Gracias a ti, mi hermosa esposa Linda.
Siempre sacas lo mejor de mí, y espero con ilusión pasar muchos más ratos de risas juntos. Te amo con todo mi corazón.

A mis cuatro estupendos hijos:
Michelle, que es fiel y verdadera. Aprecio todos tus años de sacrificio y servicio a otros y a mí. ¡Sigue cantando!

Greg, que es un hombre de fe y de la Palabra, y me apoya confiablemente en oración. Todos amamos también tu sentido del humor. ¡Sigue jugando golf!

Mike, que es la persona más ingeniosa que conozco y que puede construir o arreglar cualquier cosa sin perderse nunca lo que sucede a su alrededor.
¡Sigue adorando!

Dave, que es la persona más competitiva que conozco y produce gozo y pasión, a la vez que es el mejor entrenador de básquet de todos.
¡Sigue ayudando a otros a mejorar!

A mis cinco estupendos nietos:
Emma, eres una muchacha tierna, artística, y sensible que tiene la misma vena de diversión de tu abuelo. ¡Sigue cantando!

Olivia, ¡tú eres la C.E.Olivia! Una muchacha amorosa y líder de nacimiento, a quien le encanta pescar con el abuelo. ¡Sigue haciendo que eso suceda!

Beckett, eres un muchacho inteligente que puede destacar en muchas cosas y que ama ver videos chistosos con el abuelo. ¡Sigue aprendiendo!

Darby, eres una muchacha llena de incansable energía y habilidades, y seguro que serás una gran deportista algún día. ¡Sigue corriendo!

Briggs, eres un bebé tranquilo y feliz, y una alegría para todos. ¡Sigue siendo tú mismo!

A mis dos nueras, Brittany y Kelley:
Brittany, eres una mamá y esposa estupenda mientras destacas en tu trabajo. ¡Sigue cantando y cocinando!

Kelley, eres una mamá y esposa estupenda mientras manejas a tres pequeños y permaneces llena de fe en todo lo que haces. ¡Sigue creyendo en Dios!

Gracias, mamá y papá.
Papá, te extraño, pero volveré a verte algún día. Mamá, gracias por tu amor y tu apoyo durante toda mi vida.

Índice

MIRAR AL EXTERIOR

MIRAR ARRIBA

Reconocimientos

Quiero mostrar mi reconocimiento y ofrecer mi más profundo aprecio a Baker Publishing Group y su fantástico equipo.

Rachel McRae, por creer en mí y en este libro. Agradezco mucho tu liderazgo y dirección.

Amy Ballor, has hecho un trabajo fantástico editando este manuscrito. Agradezco tu candor y tu compromiso con la excelencia.

Erin Bartels, agradezco tus destrezas de escritura y cómo combinas hábilmente el mercadeo y el contenido.

Olivia Peitsch, gracias por todo lo que haces para ayudar a promocionar el libro.

Kate Guichelaar, gracias por hacer que mis libros estén disponibles en todo el mundo.

Eileen Hanson, agradezco todo lo que haces para vender mis libros dondequiera que puedas.

Laura Klynstra, gracias por la hermosa cubierta.

Finalmente, al liderazgo de Baker Publishing, mi sincera gratitud por casi veinte años publicando mis libros. Agradezco que trabajen conmigo para publicar libros que alienten a las personas en todo el mundo.

Introducción

Como yogur griego y frutos rojos cada mañana, pero los meto en el refrigerador antes de hacerlo. Bebo una taza de café diariamente, pero la meto en el horno microondas después de prepararla. Me gusta pensar que eso significa que tengo una actitud como la de Dios. Él dice en Apocalipsis 3:15-16 (NTV): "Yo sé todo lo que haces, que no eres ni frío ni caliente. ¡Cómo quisiera que fueras lo uno o lo otro!; pero ya que eres tibio, ni frío ni caliente, ¡te escupiré de mi boca!". Lo entiendo. No me gusta nada tibio, o común; nada.

Las definiciones de *común* incluyen "sin tener ninguna distinción o cualidad especial" y "mediocre u ordinario".[1] Sin embargo, Dios nos describe a ti y a mí como creados maravillosamente complejos (ver Salmos 139:14), creados para buenas obras (ver Efesios 2:10), y como creaciones que pusieron una sonrisa en su rostro cuando nos creó (ver 1 Corintios 12:18). Por lo tanto, no hay nada común acerca de ti. De hecho, Dios ha planeado que no seas común, sino fuera de lo común.

El propósito que hay detrás de todo lo que he escrito y he incluido en este libro es atacar la mediocridad y mostrarte que Dios quiere darte dirección, libertad y aliento.

Muchas de las historias personales que voy a contarte sucedieron hace varios años atrás. Hay un motivo para eso. Creo que, en ocasiones, solamente la perspectiva del tiempo puede ayudarnos a entender plenamente lo que Dios estaba haciendo en aquellos momentos.

Es fascinante ver cómo Dios encuentra un modo de transformar lo que parece malo en algo bueno, y cómo está obrando hoy en nuestro futuro. Él tiene planes para ti que están fuera de lo común, y te creó a medida para que los lleves a cabo.

Al compartir mis pensamientos e historias personales, espero que veas cómo evitar problemas, recibir aliento de las bendiciones que Él trajo a mi vida y, lo más importante, que entiendas que el amor y el plan de Dios para ti son dichosos y bienaventurados.

Lo extraordinario acerca de Dios es que Él puede cambiar para bien cualquier cosa en tu vida. Por lo tanto, al leer este libro prepárate para escoger lo mejor de Dios para ti. Su deseo es que tú estés *fuera de lo común*.

MIRAR AL INTERIOR

1

Tu yo fuera de lo común

Un día durante la década de los ochenta, estaba despierto temprano leyendo el periódico matutino, el *Tulsa World*. Era un ritual diario que estoy seguro que aprendí de mi papá (actualmente, si ves a alguien leyendo un periódico físico, de papel, es casi seguro que tiene más de cuarenta años de edad).

Ese día captó mi atención un artículo de Associated Press. El reporte afirmaba: "Aquí está el estadounidense promedio", y entonces describía con detalle al estadounidense "promedio", que ganaba *x* cantidad de dólares al año. Yo pensé: *Eso es lo que yo gano.*

Entonces decía que este estadounidense vivía en este tipo de casa que vale x. *Vaya, eso es lo que vale mi casa.*

El estadounidense promedio también tenía dos hijos. Sí, nosotros teníamos dos hijos en ese entonces (cuatro ahora). *Vaya, esto se pone interesante*, pensé.

El artículo seguía diciendo que el nombre más común para un hombre era… un momento… ¡John! Y el nombre más común para una mujer era… redoble de tambor… ¡Linda! *¡Sí, ese es el nombre de mi esposa!*

Estaba asombrado. No sabía qué pensar. *¿Es bueno esto? ¿O no es tan bueno?* Entonces me sentí un poco molesto, y después más molesto. Acababa de ser declarado la persona más mediocre en los Estados Unidos. Al menos así me sentía.

Dije en voz alta: "¡Yo no soy mediocre! Y tú no vas a decirme que lo soy". *No me importa lo que digan las cifras, o lo que diga una organización de noticias respetada, o lo que diga nadie,* pensé con resolución. *Yo no soy promedio ni mediocre. Dios me creó maravillosamente único.*

En ese momento fueron plantadas las semillas de mi primer libro: *Un enemigo llamado promedio.* Después de aquello, mi pasión por decir a otros que tampoco ellos son promedio ni mediocres aumentó en mi interior. Esa pasión es mayor ahora, y por eso he escrito este libro: *Fuera de lo común.*

Sin importar lo que puedan decir los "hechos", nunca permitas que otros te digan que eres mediocre o común. Por el contrario, eres una persona genuina, inigualable, que rompió el molde. Tú eres único. Nadie en la historia o en los días por venir será como tú.

Una vez leí algo como lo siguiente: "Tal vez pienses que el mundo no te necesita, pero sí te necesita. Dios lo planeó de ese modo. Nadie puede hablar con tu voz, decir tus palabras, sonreír con tu sonrisa, o brillar con tu luz. Nadie puede ocupar tu lugar, porque solamente tú puedes llenarlo. Si no estás aquí para hacer brillar tu luz, quién sabe cuántas otras personas perderán su camino al pasar al lado de tu lugar vacío en el mundo. Puedes iluminar el mundo dejando un poco de tu resplandor dondequiera que vas".

Destaca; no te mezcles.

Las personas relacionadas contigo están esperando que tú los influencies. Puede que seas la respuesta a su oración, una solución a su problema, una respuesta a su pregunta.

De cien mil millones de galaxias y cien mil millones de sistemas solares, tú eres una de las casi ocho mil millones de personas que hay en la tierra mientras escribo este libro. Tienes tu propia constitución genética, y tu iris color azul, café, gris, verde o rosado no se parece a ningún otro. Tú eres tan único como cada formación de nubes en el cielo y cada copo de nieve que cae. Ser así de único es mucho mejor que ser perfecto.

Alguien será siempre más inteligente. Alguien será siempre más joven. Alguien tendrá siempre más dinero. Alguien tendrá siempre más talento. Alguien será siempre mejor parecido. Pero nadie puede ser o será como tú.

Hay una corriente para hacer que nos conformemos con menos, que seamos o hagamos lo que es o hace todo el mundo: que seamos comunes. Sin embargo, nada podría estar más lejos del plan de Dios para nosotros. Su sueño para cada uno de nosotros es una vida fuera de lo común que lo glorifique a Él.

Sé tú mismo. P. T. Barnum dijo en una ocasión: "Nadie ha marcado nunca una diferencia siendo como todos los demás". Vive la historia que nadie más puede vivir, la historia de tu propia vida fuera de lo común.

2

Sé siempre agradecido

Si no puedes estar satisfecho con lo que has logrado, por lo menos sé agradecido por aquello de lo que has escapado.

Me gusta alejarme y estar solo para escribir. Por lo general, me quedo en algún lugar cálido parecido a un centro turístico y trabajo durante muchos días consecutivos, sin salir apenas de mi habitación a menos que sea para ir de pesca. Sin embargo, en una ocasión decidí quedarme en un lindo hotel en mi ciudad natal.

Una noche salí a cenar, y mientras manejaba iba totalmente absorto en pensamientos acerca de mi libro más reciente, ¡tan enfocado que me salté un semáforo en rojo en uno de los cruces más concurridos en mi ciudad!

Mis pensamientos acerca de mi libro fueron sacudidos cuando me saludaron varios claxon y un hombre que quería decirme con su dedo que yo era "el número uno". Sobresaltado, entré en un estacionamiento para darle gracias a Dios por su protección, incluso en mi estupidez. A veces necesitamos ser agradecidos por lo que no obtuvimos.

¡Todos tenemos mucho por lo que estar agradecidos! En algún lugar hay alguien orando por algo que tú das por sentado. Sé agradecido por lo que tienes. Comienza con pensamientos de gratitud.

La gratitud nos posiciona para tener paz con Dios; por lo tanto, cuán agradecido seas es un indicador certero de tu salud espiritual. Mientras más agradecimiento tengas, más saludable serás.

La gratitud revela la profundidad de nuestra relación con Dios; por lo tanto, yo intento decirle "gracias" a Dios con más frecuencia de la que oro: "Señor, ¿puedes?". La terapeuta de salud mental Kelli Bachara dijo una vez: "Si realmente quieres patear a Satanás en los dientes, sumérgete en la gratitud. Encuentra gratitud en las cosas diminutas y corrientes en tu vida. Un amanecer. Una taza de café deliciosa. El sonido de la risa, cualquier cosa y todo. La gratitud es un arma poderosa contra quien quiere robarnos el gozo".

El agradecimiento tiene una capacidad increíble para simplificar nuestra vida. Produce una perspectiva clara y concisa.

Te encontrarás más lleno de esperanza cuando mires la vida con los lentes de la gratitud.

3

La integridad cuenta

Cuando tenía treinta y pocos años trabajé para una organización cuyo dueño decía que tenía un doctorado. Se dejó muy claro a cada empleado cuán importante era dirigirse a él como Doctor _____. Sin embargo, no pasó mucho tiempo hasta que decidí investigar su título.

Un día, vi un documento enmarcado en una parte de su oficina descuidada que decretaba su doctorado. Era de una disciplina con la que yo no estaba familiarizado, de una universidad que nunca había escuchado. Al investigar un poco más, descubrí que la "universidad" era un negocio que él inició varios años antes. Él era quien "otorgaba" maestrías y doctorados a asociados ministeriales y de negocios a cambio de una tarifa. En otras palabras, él mismo vendía los títulos, ¡y se había concedido un "doctorado" *a sí mismo*!

Vaya broma. La integridad es algo para lo cual no hay ningún sustituto conocido.

Al día siguiente (no pude evitarlo), pregunté a algunos de los otros empleados si sabían dónde obtuvo él su doctorado y en qué disciplina. No lo sabían, y eso me concedió una ligera e irónica alegría para decirles: "Se lo concedió a sí mismo. ¡Él mismo se otorgó un doctorado!".

Entonces di un paso más. Declaré a todas las personas que pude que también yo me concedía un doctorado a mí mismo. Desde ese día en adelante, la mayoría de las personas que trabajaban en esa organización se referían a mí como "Doc", ¡y todavía lo siguen haciendo!

Otra historia de humor con respecto a esto...

Más adelante, ese mismo año, evité que un libro fuera a la imprenta porque la cubierta decía: "Prefacio del Dr. John Mason". Por lo tanto, supongo que algunas personas creían que yo tenía un doctorado genuinamente, o por lo menos que lo había comprado.

Sé sincero con Dios, con los demás, con quienes están más cerca de ti, y contigo mismo. El cristianismo no se trata de esconder y de engaños.

Tú eres lo que haces, no lo que prometes hacer. Si las palabras no suman, por lo general se debe a que un carácter ejemplar no estuvo incluido en la ecuación. Yo respeto y confío en personas que tienen un carácter demostrado. Corre la carrera con un equipo que valore la integridad.

No hay ningún límite en la altura a la que puedes llegar al seguir siendo sincero y transparente. La integridad sigue siendo el mejor seguro. Hoy día, sin embargo, hay cada vez menos tomadores de seguros de los que solía haber. Warren Buffett dijo: "Al buscar personas a las que contratar, busca tres cualidades: integridad, inteligencia y energía. Y, si no tienen la primera, las otras dos te matarán".

Tener integridad ganará toda discusión si la mantienes el tiempo suficiente. Puede que la integridad no sea popular, pero siempre es correcta. El hecho de que nadie más a tu alrededor quiera hacer lo correcto nunca debería detenerte. Proverbios 28:6 nos dice: "Es mejor ser pobre y honesto que ser rico y deshonesto" (NTV).

Ten integridad y carácter en la oscuridad y sé humilde en la luz. Puede parecer que hacer concesiones en tu integridad se ocupará del presente, pero no tiene futuro. Conoce lo que es correcto y haz lo que es correcto. Si algo que hayas hecho te cuesta tu carácter e integridad, pagaste demasiado.

4

Mantente alejado de la pendiente resbalosa

Cuando estudiaba en la universidad, hice amistad con otro alumno que era el gerente del equipo de básquet masculino de la universidad. Nunca olvidaré el día en que me hizo una de las preguntas más aleatorias que me han hecho nunca.

De repente, me dijo: "John, ¿qué te parecería ser el gerente del equipo de básquet de los Harlem Globetrotters?". Sin duda, yo pensé que bromeaba, pero siguió diciendo que el equipo había elegido nuestro campus como su base durante los descansos en sus viajes y él había desempeñado el rol de gerente para ellos en los dos últimos años, pero planeaba no seguir haciéndolo.

Ahora, el equipo le había preguntado si conocía a alguien que pudiera ocupar su lugar. Por lo tanto, durante los años siguientes planeaban pasar varias semanas en el campus entrenando, y al final de cada año organizarían un partido allí para la ciudad de Tulsa.

Pues bien, no me tomó mucho tiempo responder: "¡Claro que sí!". Yo no solo había oído de los Harlem Globetrotters, sino que incluso había asistido a un par de sus juegos. Presentaban un espectáculo estupendo.

El equipo me contrató. Recuerdo dirigirme a la cancha del campus donde ellos entrenaban y entrar por primera vez en el vestuario. Allí, delante de mí, estaban jugadores conocidos internacionalmente como Curly Neal, Bobby Joe Mason (no tiene ninguna relación conmigo), y el Globetrotter más famoso de todos: Meadowlark Lemon. Meadowlark jugó en más de mil seiscientos partidos como Globetrotter y fue incluido en 2003 en el Salón de la Fama Naismith Memorial. Quedé sorprendido cuando me recibieron cálidamente como su gerente.

Enseguida me dediqué a mis tareas como gerente: asegurarme de que estuvieran preparados los balones, que los vasos de agua estuvieran llenos y, desde luego, que todos sus utillajes estuvieran preparados. Cosas como el balón con una banda elástica que rebotaba cuando lo pasaban a alguien, el cubo que cargaban para lanzar confeti a la gente que pensaba que era agua, y los balones pesados que no botaban. Era fascinante y surrealista tener en mis manos aquellos objetos famosos en todo el mundo.

Me regalaban muchos boletos gratis. En aquel entonces, los boletos estaban agotados en cada partido, de modo que significó mucho para mí cuando una de sus estrellas, Curly Neal, dijo: "Toma, John. Véndelas y haz algo hermoso por tu novia" (Linda, que más adelante sería mi esposa). Aunque este equipo estaba lleno de celebridades famosas en todo el mundo, los jugadores seguían siendo tipos normales que recordaban lo que era ser un joven alumno universitario.

Como gerente, yo tenía que lavar su ropa, lo cual no me gustaba particularmente; sin embargo, mientras lo hacía me encontré con una de mis tentaciones más memorables.

Bobby Joe Mason era una de sus estrellas, y yo era el responsable de lavar su camiseta. Los uniformes de los Harlem Globetrotters son reconocidos mundialmente para cualquier fan del básquet: rayas rojas y blancas sobre fondo azul oscuro con grandes estrellas blancas y el nombre Harlem Globetrotters que destaca delante. La camiseta de Bobby Joe me resultaba especialmente impresionante y tentadora porque llevaba el nombre MASON en la espalda del uniforme de hombro a hombro.

No había nadie más. Nadie lo vería. *Vaya, ¿no me vería estupendo con esa camiseta puesta?* Lo pensé: solo por un momento. Entonces recuperé la cordura. *De ningún modo voy a robar esa camiseta.* Al mirar atrás, pienso que, si se lo hubiera dicho a Bobby Joe, probablemente él me habría regalado su camiseta, ya que cada jugador tenía otras que eran idénticas. Sin embargo, ¿crees que habría disfrutado al ponerme esa camiseta sabiendo que cada vez que la llevara puesta me recordaría cómo la conseguí?

El pecado crece mejor en la oscuridad, fuera de la vista, cuando estamos solos. La buena noticia es que no tenemos que pelear esta batalla solos. Dios está con nosotros, a nuestro lado, para mostrarnos la salida. Aunque la tentación está por todas partes, recuerda que Dios también está en todas partes. Kelli Mahoney dice: "Para vencer la tentación, debes identificar lo que te aleja de Dios".

Primera de Corintios 10:13 nos dice: "Las tentaciones que enfrentan en su vida no son distintas de las que otros atraviesan. Y Dios es fiel; no permitirá que la tentación sea mayor de lo que puedan soportar. Cuando sean tentados, él les mostrará una salida, para que puedan resistir" (NTV).

Romanos 12:21 dice: "No te dejes vencer por el mal; al contrario, vence el mal con el bien". Tus decisiones correctas y piadosas marcarán una diferencia. Tomarlas es una de las maneras más seguras de pelear esta batalla. Decide decir no. Es más fácil decir no al pecado hoy que mañana. En su libro *Cómo formar buenos hábitos y romper malos hábitos*, Joyce Meyer escribe: "Si no estamos haciendo activamente lo correcto, se vuelve muy fácil para el diablo lograr que hagamos lo incorrecto".[1]

¿Recuerdas el dicho: "Si no quieres que la tentación te siga, no actúes como si tuvieras interés"? Mateo 26:41 nos dice, en cambio:

"Manténganse despiertos, y oren, para que no caigan en tentación. A decir verdad, el espíritu está dispuesto, pero la carne es débil" (rvc). Cuando enfrentes la oportunidad de pecar, hazte la pregunta: *¿Vale la pena lo que estoy a punto de hacer a cambio de perder lo que tengo?*

Cuando era joven tuve el privilegio de cenar con Ezra Taft Benson y su esposa Flora, en Washington D. C. Ezra era el exsecretario de Agricultura bajo el presidente Eisenhower, y era conocido por su potente dicho acerca de la tentación: "Es más fácil preparar y evitar, que reparar y arrepentirse". Por lo tanto, decide durante el día cómo actuarás en la oscuridad de la noche cuando la tentación llame a la puerta.

Alguien declaró en una ocasión: "No podemos derrotar a los demonios con los que nos gusta jugar". La tentación generalmente entra por una puerta que se dejó abierta intencionadamente. Cierra de golpe esa puerta. ¡Di no!

Una de las razones principales por las que muchas personas no llegan a la línea de meta es que no dejan de detenerse ante la tentación. A continuación, tenemos el modo de evitar esos desvíos:

"Permitan que Dios obre su voluntad en ustedes. Griten un no muy fuerte al diablo y observen cómo se esfuma. Digan un sí tranquilo a Dios y él estará ahí. Dejen de juguetear con el pecado. Purifiquen su vida interior. Dejen de jugar. Lloren y aflíjanse. La diversión y los juegos terminaron. Pónganse serios, muy serios. Arrodíllense delante del Maestro; es el único modo en que podrán estar de pie".   (Santiago 4:7-10 msg, traducción libre)

5

Haz el bien, escoge correctamente

Protegerte en casa en medio de una pandemia te desconcertará.

Mientras estaba fuera dando un paseo diario por el barrio con mi esposa, divisé un billete de veinte dólares en la hierba entre el camino y la calle. Yo pensé: ¡*Un bistec*! ¡*Con entrega en mi casa*! Pero Linda dijo: "¡Detente! ¡No toques eso! ¡No lo agarres!".

Por lo tanto, claro que lo agarré, pensando que regresaría directamente a nuestra casa para lavarme las manos por veinte segundos. ¡Dinero, el vil metal!

Miramos a uno y otro lado de la calle para ver si alguien estaba buscando dinero que el viento de Oklahoma había arrebatado de su mano. Al final, Linda tuvo la mejor idea. Sugirió que diéramos los veinte dólares a la graduada de secundaria cuya casa tenía un cartel de celebración: el hogar con el jardín donde encontramos el billete. Por lo tanto, llamamos al timbre pero nadie respondió. Sin duda, yo esperaba que nos dijeran que nos lo quedáramos.

Regresamos a nuestra casa, encontramos una tarjeta de felicitación de graduación, escribimos una nota de felicitación para la graduada, y agregamos el billete de veinte dólares. Cuando regresamos a la casa de los vecinos un poco más tarde, dejamos la tarjeta sobre el felpudo de la entrada y volvimos a llamar al timbre. Esta vez salió un hombre, y desde una distancia considerable le contamos la historia de que encontramos los veinte dólares cerca de la entrada delante de su casa y decidimos regalárselos a la graduada, quien resultó que era su propia hija.

Él agarró la tarjeta y nos dijo: "Me alegra mucho que me digan eso. Uno de mis trabajadores recogió un dinero de la renta para mí, y cuando fui a depositarlo en el banco, la cantidad tenía veinte dólares de menos. No pude averiguar lo que sucedió". ¡Se rio de buena gana por el resultado!

Entonces, ¿cuál es la lección? ¿Hacer siempre lo que diga tu esposa? Probablemente. Sin embargo, creo que lo más importante es que, ya sea que la buena o la mala fortuna se cruce en tu camino, responder de la manera correcta siempre conducirá a buenos resultados. Puede que tú no recibas personalmente el efecto positivo, pero tu respuesta seguro que será una bendición para alguien. Sé tú el motivo por el que alguien se siente aceptado, observado, apreciado, escuchado, y amado.

Decir algo bueno a otros no siempre es lo más fácil de decir. De hecho, las cinco cosas más difíciles de decir son:

1. Te amo.

2. Estaba equivocado, y lo siento.

3. Necesito ayuda.

4. Te aprecio.

5. Salsa Worcestershire.

(solo bromeo con esta última)

Alguien en algún lugar te seguirá recordando hoy porque fuiste bueno con esa persona cuando nadie más lo fue. El mundo dice que cuides de ti mismo, pero Dios dice que cuides de otros y Él cuidará de ti.

Haz el bien por los demás, pues regresará a ti de maneras inesperadas. La Biblia promete que las cosas buenas que haces que sucedan para otros, Dios hará que sucedan para ti: "sabiendo que el Señor recompensará a cada uno por el bien que haya hecho" (Efesios 6:8).

No te preocupes por si alguien verá tus buenas acciones. El sol sale en la mañana con hermosura mientras la mayoría de nosotros estamos dormidos. Se ha citado a varias personas diciendo: "Haz todo con un buen corazón sin esperar nada a cambio, y nunca quedarás defraudado". Entiende que, algunas veces, otros no observan las cosas buenas que hacemos por ellos hasta que dejamos de hacerlas. No permitas que las acciones o la falta de acciones de otros disminuyan tus esfuerzos por hacer el bien.

Nunca lamentarás ser bueno. Si te encuentras en un lugar donde puedes transformar una atmósfera negativa por otra positiva, hazlo. El mundo necesita más de eso. Sé alguien que da esperanza, porque cuando ofreces esperanza, haces que sea posible cualquier cosa. Una palabra positiva ilumina un mundo oscuro. Enfocarnos en lo bueno tiene un modo de expulsar mucho de lo que es malo. Por lo tanto, lleva un rayo de sol dondequiera que vayas.

6

Sin importar cuánto tiempo viajaste en la dirección equivocada, aún puedes dar media vuelta

Hace algún tiempo, era tendencia que las familias colgaran en las ventanillas traseras de sus autos una señal amarilla con forma de diamante que decía "Bebé a bordo". Podías encontrar esos carteles en camionetas por todo Estados Unidos.

Yo también compré una señal amarilla como esa, pero la mía decía "Conductor especialista". Debo admitir que la señal me hizo reír, y los amigos que la vieron también se reían; sin embargo, todas las risas cesaron un día que iba de camino a mi casa desde el trabajo.

Salí de mi oficina justamente en la hora pico y estaba intentando incorporarme a una autopista muy llena de vehículos que desde mi izquierda a la derecha era de un solo carril. Por lo tanto, yo miraba hacia la izquierda en busca del mejor momento para entrar al tráfico. Había hecho eso en cientos de ocasiones, por lo general a la misma hora del día y con la misma cantidad de tráfico. Me metía fácilmente en la autopista y después me dirigía a casa para la cena.

Ese día parecía como cualquier otro día mientras esperaba pacientemente una oportunidad para incorporarme. Entonces, finalmente vi la ocasión y acababa de incorporarme a la autopista, ¡cuando escuché un fuerte golpe en el costado derecho de mi auto!

Inmediatamente me dirigí a un lado de la carretera, me detuve, y miré por el espejo retrovisor, y lo que vi fue a un hombre tumbado en mitad del pavimento con una bicicleta a su lado.

Con cautela me desvié a una calle lateral. Lo primero que vino a mi mente (y me avergüenza decirlo) no fue cómo iba a ayudar a esa persona. Fue: ¡*Oh, no*! ¡*Acabo de chocar con alguien, y llevo una señal que dice "Conductor especialista" en la ventanilla trasera*!

Fui gateando hasta el asiento trasero de mi auto, estiré el brazo, y quité la señal de la ventanilla. No quería que nadie, especialmente un policía, pensara que yo creía que era un conductor especialista. Salí del auto, y cuando llegué hasta la persona que estaba tumbada en la calle, una señora ya estaba allí orando por él.

Él iba en bicicleta en sentido contrario por una calle de un solo sentido. Cuando yo me incorporé, él se chocó contra mi auto, salió volando por encima, y aterrizó en la carretera, rompiéndose la pierna al instante. Obviamente tenía mucho dolor, y sentí lástima por él.

El policía llegó en cuestión de minutos. Nunca olvidaré a ese oficial acercándose, escuchándome hablar de lo que sucedió, y después decir: "Supongo que él aprendió la lección. Ir por una calle de un solo sentido en sentido contrario es una fórmula para el desastre".

Ir rápidamente en sentido contrario puede que funcione por un tiempo, incluso por mucho tiempo; sin embargo, finalmente es probable que suceda algo malo. ¿Qué beneficio tiene correr si estás en el camino equivocado? Simon Sinek comentó en una ocasión que "es mejor ir lento en la dirección correcta que ir rápido en la dirección equivocada". No hay nada de malo en cambiar si es en la dirección correcta. A veces hemos escuchado la cita que dice: "Es mejor caminar solo que con una multitud que va en la dirección equivocada". Dejemos de perseguir el camino equivocado.

Muchas veces, la acción que emprendemos en el momento correcto no tiene un impacto inmediato en el resultado final, pero nos lleva al lugar adecuado y en el momento correcto, yendo en la dirección correcta.

Ten cuidado con apresurar el tiempo de Dios y cambiar su dirección. Nunca sabes de quién o de qué te está protegiendo o hacia dónde te está guiando.

No sucede nada bueno cuando decidimos ir por la dirección equivocada, especialmente cuando el camino correcto está en la dirección opuesta. Me pregunto si el hombre que se chocó con mi auto había ido en bicicleta por una dirección prohibida muchas veces sin tener ningún problema; sin embargo, un día se encontró con un obstáculo (mi auto) que lo detuvo. Puedo garantizar que, cuando vuelva a subirse a su bicicleta, nunca más volverá a ir en la dirección prohibida por esa calle de un solo sentido.

7

Termina el primero, abandona el último

Nunca te des por vencido en lo que sabes que deberías hacer. He observado que cerca del 97 por ciento de las personas que se detuvieron demasiado pronto están empleadas por el 3 por ciento que nunca se dio por vencido. Muchos de los grandes fracasados del mundo no se dieron cuenta de cuán cerca estaban del éxito cuando abandonaron. Tu éxito comienza cuando la mayoría de los demás abandonan.

Gálatas 6:9 dice: "No nos cansemos de hacer el bien, porque a su debido tiempo cosecharemos si no nos damos por vencidos". ¿Es así de sencillo? ¡Sí!

Este es mi desafío para ti en este día: hazte famoso por completar tareas importantes y desafiantes. Te prometo que te asombrarás por el impacto de tu persistencia.

Hace más de treinta años atrás me sentí obligado a escribir un libro, pero sabía que cada día se publicaban más de mil libros nuevos y que la mayoría de ellos los leían muy pocas personas.

Cuando estaba en la universidad, si me hubieran pedido que enumerara cincuenta cosas que haría, escribir un libro no sería una de ellas; sin embargo, comencé y trabajé en ello durante casi dos años. No tenía calificaciones estupendas en lenguaje, y menos todavía una audiencia establecida, pero lo que sí tenía era la determinación y el compromiso de terminar. Nunca olvidaré teclear la última palabra en mi computadora Apple IIc (con solo 128K de memoria) a las 4:30 de la mañana, y después caer en mi cama y llorar durante un rato. ¡El libro estaba terminado!

El libro era *Un enemigo llamado promedio*. Lo que yo no sabía era que más de setecientas mil personas leerían el libro en casi cuarenta idiomas en todo el mundo.

Recientemente, estaba meditando en lo bueno que Dios ha sido conmigo con respecto a las ventas de ese libro. Estaba asombrado y perplejo cuando me di cuenta de que, si un solo ejemplar de todos los ejemplares vendidos se pusiera en el ecuador en cada kilómetro, podrían rodear la tierra veinticuatro veces. ¡Vaya! Dios es bueno, y sin duda alguna tiene "todo el mundo en sus manos".

Repito: ¡te asombrarás por el impacto de tu persistencia!

Sé agradecido por tu desafío; podrías no haber descubierto tu fortaleza si no lo hubieras tenido. Los caminos difíciles conducen a menudo a destinos muy bellos. Winston Churchill dijo: "Nunca abandones algo que no puedes pasar un día sin pensar en ello".

Coca-Cola vendió solamente veinticinco botellas en su primer año. Cada nueva empresa comienza teniendo cero clientes, cero ventas, y cero beneficios.

El modo más seguro de tener éxito es no abandonar nunca. Y no abandones nunca sin plantear pelea. Renunciar a tu meta debido a un contratiempo es como tirar tres neumáticos en buen estado porque un cuarto neumático se quedó sin aire.

Lucas 18:1 dice que "siempre [debemos] orar y nunca [darnos] por vencidos" (NTV). Cada vez que tengas ganas de abandonar, piensa en cómo comenzaste. Sé implacable en la búsqueda de lo que hace que tu corazón se prenda.

"Es imposible", dijo Orgullo.

"Es arriesgado", dijo Experiencia.

"No tiene caso", dijo Razón.

"Dale una oportunidad", susurró el corazón.

Deja de esperar para hacer las cosas que quieres hacer. Hoy es el día para intentarlo. Hebreos 12:1-3 en la versión *The Message* dice: "Será mejor que prosigamos. Quitémonos todo peso, comencemos a correr, ¡y nunca abandonemos! Sin grasa espiritual extra, y sin pecados parasitarios. Fijemos nuestros ojos en Jesús, que comenzó y terminó esta carrera en la que estamos. Estudia cómo lo hizo. Pues Él nunca perdió de vista hacia dónde iba: ese final jubiloso en Dios y con Dios".

El momento en que estás preparado para abandonar es, por lo general, el momento justo antes de que se produzca una victoria. Por lo tanto, ¡no abandones!

Otras almas están vinculadas a tus dones y tu llamamiento. Tu persistencia influencia a otros. Algún día en el futuro, personas te darán las gracias porque no abandonaste hoy. Tu victoria nunca se trata solo de ti; también se trata de las personas que serán bendecidas y alentadas debido a que tú no abandonaste.

8

Puedes ser humilde y fuerte al mismo tiempo

No siempre conseguimos lo que queremos, pero consideremos humildemente lo siguiente: algunas personas nunca tendrán lo que nosotros tenemos en este momento.

Hace un tiempo, fui a un restaurante mexicano de comida rápida. Mientras estaba en la fila esperando mi turno, observé que había una señora anciana delante de mí que parecía ser una persona indigente de la calle. Llegué a esa conclusión sobre ella porque llevaba un carrito de supermercado lleno a rebosar de lo que parecían ser todas sus posesiones en el mundo. Cuando llegó su turno, pidió agua y un taco.

Sentado en la mesa que estaba al lado de ella, no pude evitar observarla y ser movido a compasión por ella. Poco después de comenzar a comer, me acerqué a ella y le pregunté si podía comprarle más comida para su almuerzo.

Ella me miró y preguntó enojada: "¿Quién eres tú?".

"Solo un hombre que quiere ayudar", respondí.

Ella me ignoró.

Terminé mi comida casi al mismo tiempo que ella, y los dos nos levantamos para irnos. Yo la seguí al salir del restaurante porque me sentí guiado a darle algún dinero. Por lo tanto, en el estacionamiento me acerqué a ella y le ofrecí un poco de dinero. Su única respuesta fue: "¡Deja de molestarme!". Entonces se fue rápidamente.

De inmediato, el Señor habló a mi corazón: "Ese es el modo en que mi pueblo me responde. Yo estoy en el cielo queriendo derramar una bendición, y ellos responden: '¿Quién eres tú? ¿Qué quieres de mí?'. ¡No entienden que lo que intento es bendecir sus vidas!".

Al ser el Dios misericordioso que es, el Señor continúa intentando bendecirnos; sin embargo, nosotros reaccionamos diciendo: "Deja de molestarme". Perdiéndonos las abundantes bendiciones del Señor nos alejamos, igual que esa señora se alejó de mí. Imagina lo que habría sucedido si ella se hubiera humillado y hubiera aceptado lo que Dios, por medio de mí, le ofrecía. En lugar de rechazar la ayuda de Dios, deberíamos ser humildes y recibir lo que Él tenga para nosotros sin importar el modo en que Él decida dárnoslo.

La Biblia nos dice que cuando somos débiles, Dios nos hace fuertes (ver 2 Corintios 12:10). Por lo tanto, por la gracia de Dios, sé fuerte cuando eres débil. Sé valiente cuando estés asustado. Sé humilde cuando seas victorioso. El predicador Jonathan Edwards observó que "nada aleja más a una persona del alcance del diablo como la humildad".

Efesios 4:2 dice: "siempre humildes y amables, pacientes, tolerantes unos con otros en amor".

Nadie es más imparable que una persona humilde con un espíritu tenaz guiado por un propósito divino. Por lo tanto, haz lo que indicó Jim Rohn: "Sé fuerte, pero no rudo; sé bueno, pero no débil; sé valiente, pero no un bravucón; sé considerado, pero no perezoso; sé humilde, pero no tímido; sé orgulloso, pero no arrogante".

9

Nada cambia si nada cambia

Era un día brillante, y yo sentía pánico.

Tras haber salido de la iglesia, había caminado por el auditorio oscuro y con aire acondicionado para salir al brillante sol del mediodía. Mis ojos observaron el inmenso estacionamiento lleno de varios miles de vehículos buscando el mío, pero no lo encontraba por ninguna parte. Pensé que mi viejo Chevrolet Caprice Classic, con el asiento delantero estropeado y todo, ¡había sido robado en la iglesia!

Extrañamente, tuve un momento de iluminación. Mis pensamientos pasaron del temor a la fortuna cuando pensé: *Tal vez realmente no está, y puedo recibir un dinero del seguro muy necesario por ese viejo cacharro.*

Con cada momento que pasaba, me sentía cada vez más contento con mi "milagro" recién recibido; hasta que, de modo inesperado y decepcionante, encontré mi auto estacionado justo donde yo lo dejé, oculto entre dos camionetas grandes del tamaño de una montaña.

¿Qué buscaba yo realmente cuando pensaba que mi auto había sido robado? Un cambio. Se podría decir que buscaba un cambio en los lugares equivocados. Muchos de nosotros lo hacemos. Queremos que otros cambien, que las circunstancias cambien, que nuestra ubicación o nuestro empleo cambie; sin embargo, este es el momento para que tú y yo aceptemos plenamente el modo en que Dios nos creó.

El autor John Mark Green observa: "Cambio. Puede ser difícil. No requiere ningún esfuerzo extra conformarnos con lo mismo de siempre. El piloto automático nos mantiene bloqueados en patrones del pasado, pero ¿transformar nuestra vida? Eso requiere valentía, compromiso, y esfuerzo. Es tentador mantenernos acampados en la zona que dice: Así son las cosas. Pero, para llegar a las cosas realmente buenas en la vida, tenemos que estar dispuestos a convertirnos en exploradores y aventureros".

Hacer un cambio de vida da bastante miedo; sin embargo, ¿sabes lo que da más miedo todavía? El lamento. Aprovecha el cambio y sácale el máximo partido a la oportunidad que presenta.

Cuando cambies, no tengas miedo a lo que podría salir mal. En lugar de eso, enfoca tus pensamientos en lo que podría salir bien. El cambio no es un final doloroso; es un nuevo comienzo. ¡Estás a punto de conocer a tu yo real!

Jugar a lo seguro es probablemente lo más inseguro del mundo. No puedes quedarte quieto; debes avanzar y estar abierto a esos ajustes que te mejoran. ¡Aprovecha el camino!

Enfoca tu energía no en volver a lo de antes, sino en construir lo nuevo. Ahórrate dolores de cabeza y sufrimiento; deja de buscar la felicidad donde la perdiste. El pensamiento más peligroso que puedes tener es el siguiente: *Siempre lo he hecho de este modo.*

Las cosas cambian. Cuando éramos niños, nos decían que no nos subiéramos a vehículos con desconocidos. Entonces nos decían que nunca nos viéramos con alguien a quien conocemos solamente en el internet. Ahora nos dicen que contactemos un Uber y que nos subamos solos a un vehículo con un desconocido para que nos lleve donde queremos ir.

La vida cambia, y tú también puedes cambiar. Cierra algunas puertas que ya no conducen a donde debías estar. Da el paso de fe. Camina en paz cruzando puertas que solamente Dios puede abrir.

Los cambios que estoy presentando en este libro pueden ser incómodos; sin embargo, ser alguien fuera de lo común nunca proviene de la zona de confort. Para ser fuera de lo común, siéntete cómodo con estar incómodo. Y, cuando decidas cambiar para mejor, haz todo lo posible para no pensar en tus errores del pasado.

No estás atascado en el modo en que son las cosas ahora. El cambio es mejor que estar descontento. Una decisión puede cambiarlo todo; por lo tanto, haz el cambio. No te conformes con una vida común.

10

Decir la verdad

Esta es una de mis historias favoritas que escuché hace años atrás:

Mi maestra me preguntó cuál era mi animal favorito, y yo le dije: "El pollo frito". Ella me dijo que eso no era divertido, pero seguro que se equivocaba porque todo el mundo se rio.

Mis padres siempre me decían que dijera la verdad, así que eso hice. ¡El pollo frito es mi animal favorito! Le conté a mi papá lo que sucedió, y él dijo que mi maestra probablemente era miembro de un grupo defensor de los animales. Dijo que aman mucho a los animales. Yo también, especialmente el pollo, el cerdo, y la res.

Mi maestra me envió a la oficina del director. Le conté lo que sucedió, y él también se rio. Entonces me dijo que no volviera a hacerlo.

Al día siguiente en la clase, mi maestra me preguntó cuál era mi animal favorito. Yo le dije que era el pollo. Ella me preguntó por qué, y le dije "porque puedes convertirlo en pollo frito". Me envió otra vez a la oficina del director. Él volvió a reírse y me dijo que no volviera a hacerlo.
Yo no entendía. Mis padres me enseñaron que fuera sincero, pero a mi maestra no le gustaba cuando lo era. Al día

siguiente, me preguntó a qué persona famosa admiraba más.

Yo le dije: "Al Coronel Sanders". ¿Adivinas a dónde quería llegar?

La sinceridad te llevará a lugares donde quieras estar y algunas veces a lugares donde tal vez no quieras estar; sin embargo, donde aterrices siempre será mejor que si eres deshonesto.

Yo no quiero estar cerca de personas que no entienden el concepto de la precisión como sinceridad. Dicen: "Si creo por fe que sucederá, está bien ir adelante y declararlo". ¿*De veras?*, pensé cuando se lo oí decir a un hombre al que llamaré Sam, un ejecutivo veterano. Él creía que podía decir que cualquier cosa era verdad, ya sea que lo fuera o no realmente: si creía por fe, *sucedería*.

Entonces procedió a afirmar que las ventas eran más altas de lo que eran, y que los beneficios estaban aumentando cuando, por el contrario, la empresa estaba al borde de la bancarrota. Finalmente, proclamó que eran inminentes nuevos contratos cuando en realidad estaban muy lejos en el futuro. Él creía sinceramente que todas esas afirmaciones *se harían* realidad. Estaba hablando en lo que él llamaba fe; sin embargo, lo que decía no estaba sucediendo en el momento. Sencillamente no era verdad.

He oído decir que la verdad no nos cuesta nada, pero una mentira podría costarnos todo. Finalmente, todo se desmoronó para este ejecutivo y para su empresa. La esperanza construida sobre una mentira siempre conduce a la pérdida.

La verdad existe. Las mentiras hay que inventarlas. El pintor Georges Braque dijo: "Solamente la falsedad hay que inventarla".

Dios no necesita nuestra ayuda, nuestra "declaración por fe", para apuntalar lo que está haciendo. La verdad es más que suficiente. ¿Está bien hablar "evangelísticamente" acerca de eventos o incluso cifras? ¿Debemos "culminar ese testimonio" si tenemos la oportunidad? No, no caigamos nunca en esa trampa.

Sencillamente sé sincero conmigo, o aléjate. Respeto a las personas con intenciones sinceras que me dicen la verdad cada vez. Puedo confiar en las personas sinceras y trabajar con ellas.

La verdad no tiene alternativas legítimas. No hay ningún sustituto aceptable para la sinceridad ni ninguna excusa válida para la deshonestidad y la mentira.

"Si dices la verdad, tu problema se convierte en parte de tu pasado. Si mientes, se convierte en parte de tu futuro", dijo el entrenador de básquet Rick Pitino. Por lo tanto, escoge la sinceridad y encontrarás libertad en tu futuro. No tendrás que vivir mirando por encima del hombro para ver si alguna mentira intenta rebasarte.

La verdad supera a una mentira. Proverbios 12:19 nos dice: "Los labios sinceros permanecen para siempre, pero la lengua mentirosa dura solo un instante".

Todos sabemos que la sinceridad es la mejor política a seguir, pero ¿cuáles son los beneficios de esa política?

Vivir siendo sincero...

+ reduce el estrés porque no tienes que recordar lo que dijiste y estar a la altura de expectativas inalcanzables.

+ te permite interesarte por otros genuinamente porque eres veraz en tus sentimientos.

+ ofrece seguridad en las relaciones porque estás rodeado de personas que te aceptan tal como eres.

+ simplifica tu vida sin que haya promesas excesivas y expectativas poco realistas.

+ te abre a poder dar consejos confiables para otros y para ti mismo.

+ te libera para ser tú mismo y no seguir fingiendo ser otra persona para conseguir la aceptación de los demás.

+ aumenta tu valor. Cuando las personas pueden confiar en tus palabras y tus acciones, quieren trabajar y relacionarse contigo.

+ mejora el enfoque porque no eres distraído por declaraciones y compromisos falsos.

+ crea relaciones duraderas porque la confianza es el punto fuerte de tus relaciones.

+ reduce la culpabilidad y la vergüenza. Puede que engañes a otros, pero *tú* siempre sabrás lo que es verdadero o falso.

+ proporciona un camino más directo a respuestas que estabas buscando y metas que quieres lograr. La mentira no conduce a ninguna parte. Los atajos te cuestan más de lo que parecen ahorrarte.

+ te da más energía, porque la deshonestidad requiere mucho esfuerzo para mantener adelante el fingimiento.

+ crea oportunidad. ¿Con quién preferirías hacer negocios o pasar tiempo: con una persona sincera o con una persona deshonesta?

+ atrae a otras personas sinceras y sustituye a las personas deshonestas en tu vida. Según mi amigo, el pastor David Blunt: "Si continúas haciendo lo correcto, lo que es incorrecto y quien está equivocado finalmente saldrán de tu vida".

+ te mantiene lejos de los problemas. Segamos lo que sembramos. Tus palabras y acciones son semillas que producen buen fruto o mal fruto.

+ te da una mejor salud mentalmente y físicamente.[1]

✦ aumenta la valentía. Defender la verdad no siempre es fácil, pero siempre es lo correcto.

✦ algunas veces causa dolor a corto plazo, pero la verdad proporciona ganancia a largo plazo.

✦ te da consistencia. Si te mantienes en el nivel, no tendrás tantos altibajos. La vida es ya lo bastante incierta sin tu ayuda.

✦ te libera para correr con tus sueños. Es verdad que "y conocerán la verdad, y la verdad los hará libres" (Juan 8:32).

¿Por qué era conocido Abraham Lincoln como Abe el Honesto? Cuando era un muchacho que trabajaba en una pequeña tienda de la ciudad, Lincoln caminaba la distancia que fuera necesaria para ir a restituir a un cliente siempre que le cobraba en exceso involuntariamente. Al hacer eso, llegó a ser conocido como Abe el Honesto. Leonard Swett, uno de los mejores amigos del presidente, dijo lo siguiente del expresidente: "Él creía en las grandes leyes de la verdad, cumplir con las obligaciones, su responsabilidad delante de Dios, el triunfo final del justo, y la destrucción del malvado". Podemos aprender de los principios de Lincoln y decidir vivir una vida honesta y sincera, y quizá podamos llegar a ser conocidos como "............ el Honesto".

11

Donde estás ahora es el mejor lugar para comenzar

Sonó el teléfono en mi oficina. Cuando respondí, un pastor se identificó y después dijo: "He oído sobre el trabajo de consultoría que usted hace con iglesias. Me gustaría que volara hasta Minneapolis para tener una entrevista acerca de utilizar sus servicios y que nos dé su opinión acerca de un problema que tenemos ahora mismo ante nuestra junta directiva".

"Claro que sí", respondí. "Sería un honor reunirme con usted y con su junta directiva, y posiblemente hacer consultoría con su iglesia en el futuro".

Yo quería decir más cosas, pero el pastor me interrumpió preguntándome: "¿Predica usted también?". Dudé. Todavía no predicaba, pero el Señor me había estado guiando a comenzar a predicar. Por lo tanto, le dije: "Sí, también predico".

"Bien. Me gustaría que predique en los servicios del domingo en la mañana y en la tarde; sin embargo, somos una pequeña iglesia en el centro de la ciudad, y solo podemos darle un donativo de cien dólares". Acepté. Ahora estaba comprometido, sorprendido, y un poco nervioso.

Volé hasta Twin Cities, y el pastor me recibió en el aeropuerto, ¡vistiendo un abrigo de visón! Fuimos directamente desde la recogida de equipajes hasta su auto, un vehículo nuevo de la serie

BMW7. Yo pensaba: *Algo no encaja bien en esta imagen.* Lo que no sabía es que aquello podría ser un anuncio de algo más que no encajaba bien.

Él me llevó a la iglesia brevemente antes de dirigirnos a mi hotel. La iglesia estaba en el centro y parecía tener una capacidad de solo unos doscientos asientos. Por lo tanto, me preguntaba acerca del abrigo del pastor y el auto tan caros. Sin embargo, cuando me registré en mi hotel, me enfoqué en prepararme para las reuniones y los mensajes del día siguiente.

Aquella era la primera vez que iba a predicar, y me desperté a la mañana siguiente con una emoción que nunca antes había experimentado. Tenía muchas ganas de compartir con la congregación de ese hombre.

Como la mayoría de los servicios, comenzó con cantos, anuncios, y peticiones de oración. Entonces llegó el momento del sermón, y el pastor me presentó con elocuencia.

Me levanté de mi asiento en la primera fila.

Subí a saltitos los escalones hacia el púlpito.

¡Y me caí de bruces cuando tropecé con el último escalón!

¡Vaya modo de lanzar mi carrera de predicación! Recuperé la compostura, me puse detrás del púlpito, y dije: "Ahora que tengo su atención...", y comencé mi mensaje.

Le puse todo mi empeño, y las personas respondieron bien. Entonces, cuando estaba concluyendo, sentí en mi corazón que debía invitar a las personas a pasar al frente para recibir oración. Así que eso hice.

Oré por cada persona que se acercó, y casi había terminado cuando un joven con su cabeza agachada levantó la vista y pidió oración. En cuanto comencé a orar por él, sentí con fuerza que también debía orar por su familia, específicamente por su relación con su papá. Y eso hice: en voz alta.

Poco después, ¡supe que su padre era el pastor que me había invitado a predicar!

Él estaba bastante molesto por mi oración en público por su hijo, y otra vez tuve la misma sensación: ¡*Vaya comienzo!*

Después del servicio me reuní con el pastor en su oficina, donde él me dijo que ya no estaba invitado a predicar en el servicio de la tarde a causa de mi oración. Entonces la situación empeoró cuando me dijo que quería que presentara ante la junta directiva un endoso para una idea que yo sabía que era claramente poco ética. Estoy seguro de que él también sabía que esa idea no era correcta. Obviamente, me había llevado hasta allí para dar credibilidad a su idea.

Me negué a hacerlo.

No recuerdo si me dio los cien dólares. Probablemente lo hizo. Sin embargo, lo más interesante fue lo que sucedió después. Él abandonó la iglesia y también a su esposa por otra mujer tres semanas después, dejando a su esposa para que pastoreara la iglesia ella sola.

Unos quince años después de esta experiencia, hablé en una conferencia para pastores. Se acercó a mí un joven en el receso y me preguntó si lo reconocía. Yo le dije: "Lo siento, pero no te reconozco".

"Usted oró por mí en la iglesia de mi padre hace años atrás", me dijo. "Dios le usó aquel día". Después de darme cuenta de quién era, continuó. "Mi situación era mala, pero sabía que no podía decírselo a nadie. A mi mamá le va bien liderando la iglesia. Yo ahora estoy casado, trabajo como voluntario en la iglesia, y tengo un hijo pequeño. ¡Todos estamos sirviendo al Señor!".

No juzgues cómo *comienzas* en el camino de Dios para ti, como si fuera una indicación de lo bien (o no tan bien) que te irá. Podrías salir por la puerta como el caballo de carreras *Secretariat*, o podrías caerte de bruces. En cualquiera de los casos, la única opción para seguir adelante es estar sometido a la voluntad de Dios, comprometido a servir a los demás, y decir siempre la verdad. *Simplemente comienza*, y te encontrarás a mitad de camino. Todo destino requiere un primer paso.

La Biblia nos recuerda que no despreciemos el día de los pequeños comienzos (ver Zacarías 4:10); o, como dijo en una ocasión Pat Robertson: "No desprecies el día de los pequeños comienzos porque puedes cometer todos tus errores anónimamente".

En su libro *Mientras escribo*, el autor Stephen King escribe: "El momento más aterrador es siempre justo antes de comenzar".[1] He oído muchas veces que "si no persigues lo que quieres, nunca lo tendrás. Si no pides, la respuesta siempre será no. Si no avanzas, siempre estarás en el mismo lugar".

¿Dónde deberías ir? La Biblia nos dice: "Tu palabra es una lámpara a mis pies; es una luz en mi sendero" (Salmos 119:105). Las Sagradas Escrituras de Dios te guiarán ahora (una lámpara a tus pies) y en el futuro (una luz en mi sendero). Dios dice: "Yo te instruiré, yo te mostraré el camino que debes seguir; yo te daré consejos y velaré por ti" (Salmos 32:8). Tú eres el primer pensamiento de Dios. Sus ojos están sobre ti. Permite que Él te muestre el camino.

El bloguero y CEO Naeem Callaway dijo en una ocasión: "A veces, el paso más pequeño en la dirección correcta termina siendo el mayor paso de tu vida. Hazlo de puntillas si debes, pero da el paso".

Justamente donde estás es el mejor lugar donde comenzar. Las cosas grandes tienen a menudo pequeños comienzos. Descubre el valor de avanzar: ¡da ese primer paso!

La fe da el primer paso incluso cuando no puedes ver la escalera completa. Determina que harás una pequeña acción cada día. Las grandes victorias comienzan como pasos pequeños. Tus mayores éxitos se encontrarán un paso cada vez.

¿Qué pequeño paso puedes dar en este momento? Mis errores del inicio ya no son tan anónimos ahora debido a algunos de los libros que he escrito; sin embargo, no cambiaría por nada esas experiencias y lecciones. Por lo tanto, a medida que avanzas, entiende que Dios mira tu corazón y no tu elocuencia; ni tampoco tu habilidad para subir escalones sin caerte de bruces.

12

Diferente es la diferencia

No me preocupaba si yo era diferente; me preocupaba si era igual que todos los demás.

Cuando escribí mi primer libro, sabía que tenía que destacar y no mezclarme; sin embargo, siendo un autor desconocido sin tener ninguna plataforma ni un historial previo de venta de libros, enfrentaba una batalla cuesta arriba para hacer que mi libro llegara a ser conocido para las masas.

Como tenía experiencia en el mundo editorial, debería haber tenido una ventaja, pero no estaba seguro de cuál era exactamente esa ventaja.

Siempre he aborrecido tener que leer veinte páginas para llegar a un punto. Conozco a personas que disfrutan el ser llevados a los hermosos detalles de la escritura elaborada, pero a mí me resulta aburrido. Soy una persona impaciente.

Por lo tanto, decidí hacer algo que nadie más estaba haciendo en ese momento: escribir capítulos de dos páginas. Hasta ahí se mantenía mi interés, y pensé que eso también se aplicaba a muchas otras personas. La gente podía leer cuatro capítulos y sentirse muy orgullosa, ¡aunque hubiera leído solamente ocho páginas! Además, eso me forzaba a tener que hacer que cada palabra fuera importante. Recuerdo intentar lograr que cada frase destacara por sí sola.

Cientos de personas me han dicho que compraron mis libros debido a los capítulos tan breves. Probablemente el comentario más chistoso que recibo es cuando las personas me dicen que leen mis libros ¡mientras están en el baño! Normalmente se produce una sonrisa bochornosa, tanto por parte de ellos como por mi parte. A menudo no puedo evitar responder: "No me sorprende. ¡Cada capítulo tiene la longitud adecuada y bastante movimiento!".

Hice una segunda cosa en mi libro que fue casi sacrílego: no poner en letra negrita los versículos de la Escritura. Los autores en ese tiempo siempre lo hacían para diferenciar los versículos y hacer que destacaran; sin embargo, eso hacía que muchas personas se saltaran o leyeran rápidamente los versículos en los libros, especialmente si eran pasajes o versículos extensos que ya conocían. Por lo tanto, en lugar de eso (¡atento a la revelación!), decidí poner en negrita mis comentarios ingeniosos. Quería destacar mis mejores ideas para que, cuando las personas hojearan el libro en las tiendas, pudieran ver que yo ofrecía algunas expresiones persuasivas. Por eso, en lugar de poner en letra negrita los pasajes de la Escritura, decidí ponerlos en cursiva, de ese modo los destacaba y diferenciaba de mis propias ideas.

Indudablemente fui criticado. Tu libro tiene un kilómetro de ancho y un centímetro de profundidad", dijo un líder de una iglesia. "Estás elevando tus propias ideas por encima de la Biblia". Recibí bien las críticas. Estaba destacando, y mi estilo de escritura ayudaba a las personas a leer el libro y hablar a otros de él.

Yo sabía que el 70 por ciento de todos los libros nunca se leen, lo cual me motivó. Por lo tanto, ¡decidí escribir un libro que las personas *leerían*! Sabía que si alguien realmente lee un libro, es probable que le hable de él a otros. El boca a boca es el mejor modo de difundir el mensaje y vender muchos libros al mismo tiempo. ¡Es una situación en la que todos ganan!

Pablo Picasso dijo: "Aprende las reglas como un profesional, para así poder romperlas como un artista". Para ser un éxito, debes destacar y no mezclarte. Debes ser extraño para ser el número uno.

Rompe las reglas con más frecuencia, y obtendrás una ventaja considerable sobre aquellos que tienen demasiado miedo a arriesgarse. Aprovecha el deseo natural de todo el mundo de conformarse. Colorea fuera de las líneas.

Si no encajas, probablemente estás haciendo lo correcto. Mira tu diferencia como una fortaleza. El autor Royale Scuderi observa: "Sé lo bastante humilde para saber que no eres mejor que los demás, y lo bastante sabio para saber que eres diferente al resto". Sé humilde y ten seguridad en ti mismo al mismo tiempo.

"Quiero estar tan cerca del límite como pueda sin traspasarlo. Desde el límite, puedes ver todos los tipos de cosas que no puedes ver desde el centro", proclama el escritor Kurt Vonnegut.[1]

Encuentra tu diferencia y acéptala. Nunca influirás al mundo si lo imitas. En cambio, toma la decisión deliberada de ser diferente.

13

Sigue el movimiento

Si juegas golf el tiempo suficiente, tendrás tu propio "momento Tiger Woods".

Salí a jugar golf con un par de amigos a un campo local, y jugué los cuatro primeros hoyos como lo hago normalmente: un par, un *bogey*, otro par, y otro *bogey* en el cuarto hoyo. El quinto hoyo era uno de mis favoritos, de modo que agarré con toda confianza mi hierro metálico y me acerqué al soporte de la bola. Había jugado muchas veces antes ese par corto, y sabía precisamente qué tipo de palo utilizar.

Puse la bola en el soporte, me situé detrás de la bola, y preparé mi golpe. Tras golpear la bola, observé que lo había hecho mejor de lo normal porque iba volando directamente hacia donde yo apuntaba. Mientras la bola volaba haciendo un arco en el aire hacia la bandera, yo esperaba haber escogido el hierro correcto para lanzarla a la distancia adecuada. La bola aterrizó aproximadamente a unos tres metros delante del hoyo, entonces rodó hacia delante, y se metió en el hoyo.

¡Mi primer hoyo en uno!

No me tomó mucho tiempo correr hasta el green, dar un grito, y agarrar la bola del hoyo (desgraciadamente, tres hoyos después golpeé aquella misma bola "milagrosa" hacia el agua, y nunca volví a verla. Ningún trofeo especial para esa bola o para mí. Me sentí como un idiota).

Golf Digest y la Asociación Nacional del Hoyo en Uno calculan que un golpe realizado por un golfista amateur en un par 3, aterriza en el hoyo solamente una de cada 12 500 veces.[1] Mi golpe era ahora uno de esos 12.500. Por otro lado, mi hijo Greg, golfista profesional por más de diez años, ha conseguido ocho hoyos en uno, incluyendo dos en par 4.

En 1959 avisaron a la policía para que fuera a la biblioteca pública de Lake City, en Carolina del Sur, donde un muchacho afroamericano de nueve años de edad que intentaba sacar libros se negaba a irse después de que le dijeran que la biblioteca no era para personas de color. La policía le dijo al bibliotecario que de todos modos le dejara llevarse los libros, y decidido, el muchacho siguió leyendo y cuando creció obtuvo un doctorado en física de la MIT, y recibió varios doctorados honorarios. Ronald McNair más adelante se convirtió en astronauta y miembro de la tripulación del malogrado transbordador espacial Challenger. El 29 de enero de 2011, la biblioteca que se negó a prestarle libros fue dedicada con el nombre de Centro de Historia Ronald E. McNair.[2]

Creo que se producen resultados positivos inusuales si seguimos haciendo lo mejor a lo largo del tiempo. Estoy seguro de que, si aquella hubiera sido la primera vez que jugaba golf, habría tenido cero oportunidades de golpear un hoyo en uno. Seguí intentándolo, después de fallar miles de veces, antes de que aquella bola rodara hasta el hoyo.

Si el Dr. McNair hubiera dejado de leer, nunca habría alcanzado su sueño de llegar a ser astronauta. Por lo tanto, corramos la carrera que tenemos por delante y no abandonemos nunca. Deberíamos eliminar de nuestra vida cualquier cosa que pudiera interponerse en el camino y el pecado que tan fácilmente nos retiene. Hebreos 12:2 dice: "Esto lo hacemos al fijar la mirada en Jesús, el campeón que inicia y perfecciona nuestra fe" (NTV).

Una de mis citas favoritas es de Happy Caldwell: "Si haces lo correcto el tiempo suficiente, te convertirás en un héroe simplemente por el proceso de eliminación". La persistencia te llevará más lejos que la inteligencia.

Proverbios 28:20 afirma: "El hombre fiel recibe muchas bendiciones" (RVC). Una roca es partida con el último golpe de martillo. Eso no significa que los otros golpes fueron inútiles. El esfuerzo continuado y persistente produce resultados. Los tiempos desafiantes a menudo producen los mejores momentos en nuestra vida. Sigue adelante. La persistencia puede convertir una roca en una estatua. Sé agradecido por lo que tienes a la vez que avanzas hacia lo que quieres. Sigue creyendo y avanzando, "pues ya saben que la prueba de su fe produce constancia" (Santiago 1:3).

Cuando decides tener éxito, el camino no se pondrá más fácil, pero comprobarás que te vas haciendo más fuerte. No estás solo en esto. Sigue adelante, y un día te darás las gracias a ti mismo por haber sido persistente y constante. Recuerda el dicho: "Sin importar con cuánta lentitud avances, seguirás rebasando a todo el mundo que se queda en el sofá". La persistencia gana.

Nada que valga la pena se consigue con facilidad. Si no fuiste persistente en ello, probablemente es que nunca lo quisiste realmente. Nunca te detengas cuando estés abajo. Detente solamente cuando hayas terminado. ¡Inténtalo una vez más!

Sigue adelante, amigo. El mundo está esperando a ver lo que sucede cuando no abandonas.

14

La verdadera libertad llega al experimentar tú mismo

Proverbios 18:1 dice: "El egoísta solo busca satisfacer sus caprichos, desprecia cualquier consejo que se le da" (PDT). La separación y el aislamiento conducen a que tú mismo seas una isla. Estar aislado siempre reduce la excelencia porque no hay competición.

Desconéctate de las personas que quieran controlarte. Los controladores no quieren que conectes con ninguna otra persona; quieren que pienses que ellos tienen todas las respuestas a tus preguntas, tanto espirituales como personales.

En las relaciones no existe tal cosa como una sola compra para toda la verdad. Cuando estás aislado, es más fácil ser engañado o derrotado.

Nosotros enfrentamos una pregunta que enfrentan muchos padres cristianos. ¿Deberíamos enviar a nuestros hijos a estudiar en una escuela cristiana o una escuela pública? Linda y yo crecimos estudiando en escuelas públicas. Creo que los dos resultamos muy bien; al menos, sé que fue así en el caso de Linda.

Habíamos enviado a nuestros dos primeros hijos a una escuela cristiana local, pero ahora llegaba el momento de que los dos siguientes comenzaran la escuela. Acabábamos de mudarnos a Tulsa después de tres años dirigiendo una empresa editorial en

Orlando, Florida, de modo que estábamos comenzando de nuevo en Tulsa, donde seguimos viviendo todavía.

Las escuelas públicas en el distrito escolar tenían (y siguen teniendo) una reputación de excelencia, conocidas por una enseñanza de primera calidad y un ambiente estupendo, positivo, y en su mayor parte cristiano. También sabíamos lo que podríamos esperar de la escuela cristiana local, ya que nuestros dos hijos mayores habían estudiado allí antes de mudarnos.

Un pastor amigo nuestro, Bill Scheer, comenzó a pastorear y todavía pastorea una iglesia estupenda en Tulsa: GUTS Church. Estaba en nuestra casa cuando le hablamos de las dos opciones que teníamos. Bill nos alentó a considerar la escuela pública. No me sorprendió su sugerencia; Bill siempre ha estado a favor de ser una luz donde hay oscuridad. En mi opinión, probablemente ninguna otra iglesia en nuestra ciudad alcanza a los perdidos en tantos ámbitos como la de él; sin embargo, me resultó interesante, de modo positivo, que un pastor recomendara una escuela pública antes que otra cristiana.

Estábamos decididos a considerar ambas opciones. Como ya habíamos tenido experiencia con la escuela cristiana (principalmente buena), nos aventuramos hacia la escuela pública. Linda tomó la iniciativa, entrevistando a maestros y administradores, y planteando preguntas.

Entonces, en una de sus visitas, Dios decidió mostrarnos el camino.

Mientras todavía estaba dentro de la escuela, Linda tuvo una fuerte sensación de que el Señor quería que se arrodillara y dedicara a nuestros hijos para su gloria en esa escuela. Cuando lo hizo, quedó claro que ellos debían estudiar allí; por lo tanto, los matriculamos enseguida.

Poco tiempo después, durante las vacaciones de verano, recibimos una carta del superintendente dirigida a todos los padres de alumnos de la escuela cristiana, diciendo que era la voluntad de Dios para *cada* alumno que asistiera *solamente* a una escuela cristiana. Francamente, esa carta me hizo enojar. Pensé: *¿Cómo es posible que eso sea verdad? ¿Dónde estarían todos?* También pensé: *Él probablemente estudió en una escuela pública cuando era pequeño. ¿Qué pasa con ser una luz en la oscuridad? Vaya...*

Afortunadamente, nosotros estábamos firmes en nuestra fe y nuestra relación con el Señor, sin importar la opinión que tuviera un hombre. Aborrezco cuando las personas proclaman verdades absolutas acerca de algo para lo cual deberían estar abiertos a la voluntad de Dios. No me gusta porque hace que personas tomen decisiones equivocadas. Una sola talla no encaja para todos.

Para mí, la carta decía: "No piensen y no lo descubran por ustedes mismos", y aunque no con tantas palabras, también decía: "Mantengan a Dios fuera".

A propósito, nuestra experiencia en la escuela pública fue excelente. Fue lo mejor para nuestros hijos, y nos alegramos de haber escuchado a Dios y haber obedecido.

La verdad no es tan difícil de ver. Lo difícil es cuando las personas le añaden cosas.

Ninguna persona tiene todas las respuestas. Ninguna organización tiene todas las respuestas y las oportunidades. La creencia en una sola autoridad humana es el mayor enemigo de la verdad.

¿Has oído alguna vez de las cuatro leyes espirituales? La premisa fundamental es que "Dios te ama, y tiene un plan maravilloso para tu vida". ¿Alguna vez te encontraste con la sensación de que otra persona, una organización, o una iglesia está diciendo que Dios te ama pero que *ellos* tienen un plan maravilloso para tu vida? Como resultado, intentan que lo que hacen parezca lo más importante y valioso, de modo que cualquier cosa que tú decidas hacer diferente sea menos importante y valiosa. No permitas que otros creen tu mundo a causa de su necesidad. No permitas que limiten tu relación con Dios para que sea la que ellos tienen.

Cuídate de alguien o algo que intente serlo todo en tu vida. ¿Podría ser que el motivo por el que quieren separarte de otros no es para tu propio beneficio sino porque se sienten amenazados por esos otros? Si aceptas eso, limitará tus posibilidades y encogerá tu sueño para que encaje en el de ellos. Eso no es lo mejor para ti o para tu familia. Una cosa positiva acerca de envejecer un poco es que puede que mi vista sea más débil, pero puedo calar mucho mejor en el interior de las personas.

Si alguien dice que tiene todas las respuestas para todo, ¡cuidado! Es bueno tener personas en nuestra vida que digan: "No lo sé". Por otro lado, es extraño que las personas piensen que lo saben todo.

La verdad es que líderes y organizaciones que sienten que siempre saben lo que es mejor para ti, no siempre lo saben. Irónicamente, por lo general son los menos calificados para mostrarte el camino. Han vivido en su pequeño universo, con su propio idioma y sus actividades. No tienen capacidad para interactuar con el mundo tan grande que existe ahí afuera.

El agua estancada apesta.

Dios ama mostrarse a ti de muchas maneras. Yo he escuchado su voz desde un cartel publicitario, una canción, el silencio total, un pastor, un amigo, e incluso alguien con quien normalmente no estoy de acuerdo.

Necesitamos una mezcla de influencias en nuestra vida. Como dice Proverbios 15:22: "Cuando falta el consejo, fracasan los planes; cuando abunda el consejo, prosperan".

MIRAR AL EXTERIOR

15

No dejes que te asusten

Cuando estaba en la universidad, escogí permitir que las personas me gritaran en público. ¿Por qué lo hacía? Porque decidí ser árbitro de básquet.

Para ganar un dinero extra y porque me encantaba el básquet, era árbitro de básquet en juegos de la secundaria y la preparatoria. Desgraciadamente, descubrí con rapidez que estaba a merced de las opiniones expresadas con fuerza acerca de mi vista —malas palabras en ocasiones— y comentarios acalorados acerca de las reglas y de mi juicio en casi todos los juegos.

Nunca podrás ser un oficial exitoso si permites que esa clase de críticas afecten de alguna manera tu toma de decisiones. No puedes tener "orejas de conejo": escuchar cada palabra que pronuncian hacia ti. Si lo hicieras, nunca te mantendrías por mucho tiempo como árbitro de básquet; sin embargo, desgraciadamente, las críticas llegan con el territorio.

Ser árbitro iba a servirme bien más adelante en la vida. Me enseñó a manejarme estando bajo el foco público, a lidiar con los desacuerdos por parte de personas apasionadas, y a perseverar ante las críticas hasta haber terminado una tarea.

De los cientos de juegos que arbitré, uno de ellos destaca por encima del resto. Era un partido de secundaria en Muskogee, en Oklahoma, entre los Muskogee Roughers y los Tulsa East Central

Cardinals. Muskogee iba número uno en el Estado y tenía en su alineación a dos futuros jugadores de básquet de Primera División. East Central era un equipo promedio, y habían perdido tantos juegos como los que habían ganado. Parecía que iba a ser un partido ya sentenciado.

Era el regreso de la secundaria de Muskogee, y todo el gimnasio estaba lleno a rebosar ese viernes en la noche. Los fans del Muskogee estaban felices, hacían ruido, y deseaban celebrar una victoria del equipo. Sin embargo, desde el inicio, el equipo visitante de Tulsa estaba jugando mucho mejor de lo esperado. El marcador estaba empatado al final del primer cuarto, y de nuevo en el medio tiempo.

Muskogee iba por delante solo por un punto al principio del cuarto tiempo. Entonces, uno de los jugadores se acercó a la canasta y claramente le hizo falta al jugador más alto de East Central. Yo pité falta, y como era la quinta falta personal del jugador, tuvo que abandonar el juego.

Cuando estaba notificando a la mesa de quién era la falta y cuántos tiros libres tendría el equipo (dos), observé que el entrenador principal de East Central había sacado a todos sus jugadores de la cancha y los llevaba delante de su banquillo.

Esa reunión de jugadores era inusual, de modo que me acerqué al otro oficial y le pregunté si habían pedido tiempo muerto.

Él dijo que no los había oído pedir tiempo muerto.

Entonces, me acerqué al grupo reunido delante del banquillo, metí la cabeza en medio, y pregunté al entrenador principal si había pedido tiempo muerto. Al instante, ¡se volvió loco! Gritaba y gritaba, diciendo que yo no conocía las reglas y otras palabras que no quiero incluir en este libro.

Yo le pité inmediatamente falta técnica por esa conducta. Entonces, al voltearme a la mesa para notificarles la técnica, de repente, desde atrás, ese entrenador me agarró el uniforme por el hombro y me volteó. Al hacerlo, en un movimiento fluido le aseguré su segunda técnica y lo expulsé del juego.

¡El gimnasio enloqueció! Los fans del Musgokee bailaban, reían y gritaban. Debido a la falta personal y dos técnicas, se concedió al equipo local seis tiros libres y la posesión del balón. Consiguieron cinco tiros de tres puntos, marcaron canasta en un pase interior, y al final ganaron por veinticuatro puntos.

El arrebato del entrenador no tenía ningún sentido en ese momento. No se había hecho ningún comentario ofensivo durante el juego por parte de ningún entrenador, y la falta fue evidente para todos. Sin embargo, más adelante descubrí que el entrenador al que envié a su casa temprano quedó enredado en la emoción del juego y pensó erróneamente que yo no sabía lo que un entrenador puede hacer o no cuando se pita una falta y se expulsa a un jugador.

De camino a casa, me detuve y entré en una tienda para comprar algo de beber. El cajero me miró, pues yo todavía llevaba puesto mi uniforme de rayas negras y blancas, y me preguntó: "¿Quién ganó?".

Con brillo en mi mirada, respondí rápidamente: "Yo gané".

Cuando llega una crítica inmerecida, no dejes que te detenga, ¡y también tú ganarás!

¿Te han criticado alguna vez? La crítica es un elogio cuando estás haciendo lo correcto. He oído decir que la falsa acusación es el último paso antes del ascenso sobrenatural, y he comprobado muchas veces que eso es cierto. El mejor modo de responder a esa clase de personas es decir: "Si dejas de contar mentiras sobre mí, yo dejaré de contar la verdad sobre ti".

El primero y más grande mandamiento acerca de los críticos es: ¡No dejes que te asusten! Nunca rindas tu sueño ante negativas ruidosas. Se ha citado al autor Greg King, entre otros, diciendo:

"No discutas con un idiota. Te arrastrará a su nivel y te golpeará con experiencia".

Deja de escuchar lo negativo. Recuerda esta idea: *no todo el mundo tiene derecho a hablar de tu vida.* Nadie puede hacerte sentir promedio o mediocre sin tu permiso. Recuerda el dicho: "La opinión que tienen de ti otras personas es su verdad, no la tuya. No tienes por qué estar limitado a ella o cargado por ella".

Todos estamos siendo juzgados por alguien que ni siquiera se acerca a comportarse como es debido.

Debes entender que la ingratitud y la crítica llegarán; son parte del precio que pagas por ser alguien fuera de lo común. Muchas veces, otros no están necesariamente contra ti, más bien lo están contra sí mismos.

El hecho es que, cuando dejes tu marca en la vida, siempre atraerás a quienes quieran borrarla. Por lo tanto, escucha lo constructivo e ignora lo destructivo. Da un contragolpe a los críticos con tu éxito y derríbalos con una sonrisa.

¿Algunas vez observaste que quienes no tienen éxito son siempre los primeros en decirte cómo ser exitoso? Por lo tanto, no aceptes críticas de aquellos a quienes nunca acudirías en busca de consejo.

Se ha acreditado a varias personas el decir: "Nunca serás criticado por alguien que esté haciendo más que tú. Siempre serás criticado por alguien que esté haciendo menos". Recuerda eso. Descubrirás que las personas que reparten críticas previsiblemente no pueden tomar ni una gota de su propia medicina.

Para que yo escuche tu crítica, antes debo valorar tu opinión. Muchos papás, mamás, líderes espirituales y personas de negocios estupendos en potencia, no son hoy ninguna de esas personas exitosas porque no pudieron soportar la crítica y simplemente abandonaron. En el ingreso de Tiger Woods en el Salón de la Fama del Golf Mundial él habló de que no le permitían entrar en clubes cuando era un golfista amateur joven y de color. Dijo de esa atmósfera hostil: "Me ponía mis zapatos en el estacionamiento y hacía dos preguntas: ¿Dónde está el primer soporte, y cuál es el récord del campo?".

Si Jesús, que era perfecto en todos los aspectos, fue criticado, también tú lo serás. La crítica llegará de todas partes, incluso de quienes te aman. Como la esposa que dijo: "Mi esposo se dejaría disparar en mi lugar, pero también criticaría cómo lo llevé después al hospital".

Las personas negativas necesitan el drama como si fuera oxígeno. Por lo tanto, mantente positivo, y eso les quitará el aliento. Aprende a usar las críticas como combustible, y nunca te quedarás sin energía. No permitas nunca que las palabras de otra persona se interpongan en el camino de tus sueños.

El rapero Asher Roth observa: "Haz lo tuyo. Hazlo cada día. Hazlo sin disculpas. No te desalientes por la crítica. Probablemente ya sabes lo que van a decir. No pienses en el temor al fracaso, pues es más valioso que el éxito. Aprópiate de las cosas, aprovecha la oportunidad, y diviértete. Y, a pesar de todo, nunca dejes de hacer lo tuyo".

La crítica es un elogio cuando estás haciendo lo correcto.

16

Carrera de obstáculos

A principios del 2020 me encontraba fuera haciendo lo que he hecho por más de treinta años: hablar. El mes de febrero me llevó a Daytona Beach, donde tuve el privilegio de hablar a una gran audiencia de red de mercadotecnia. Después, el primer fin de semana de marzo estaba en el púlpito de una de mis iglesias favoritas en los Estados Unidos: Church on the Rock (Iglesia sobre la roca) en St. Peters, Missouri.

Había oído rumores distantes acerca de un virus, y recuerdo que fui cauteloso y empecé a pensar en guardar un poco la distancia con las personas. Sin embargo, la vida estaba a punto de cambiar de una forma terrible. Sorprendentemente, solo una semana después, la iglesia de Missouri en la que había predicado cerró sus puertas al público para sus servicios. Había comenzado la pandemia mundial de la COVID-19.

La vida era distinta para todos. Ni en mis sueños más locos podría haber imaginado acercarme a un empleado del banco para pedirle dinero llevando puesta una mascarilla. Pero sucedió. También hubo escasez de papel higiénico. Cuando era niño, había tanto papel higiénico que las personas lo lanzaban sobre los árboles de sus enemigos. Sí, todo estaba cambiando. ¿Estamos de acuerdo todos en que en 2015 ni una sola persona respondió correctamente a la pregunta: "¿Dónde te ves dentro de cinco años?".

Todas las personas sobre la faz de la tierra estaban a punto de que su vida se viera afectada de modo adverso por esta enfermedad demoniaca. Todo lo que yo estaba haciendo —y me refiero a todo— se detuvo, se pausó o se canceló. Y durante los dos meses siguientes no tuve ni ingresos ni oportunidades. Me preguntaba cómo sería el futuro. Me encontraba más lleno de fe que nunca, pero a la vez estaba asustado.

Por fortuna, sabía que cada obstáculo presenta a las personas consigo mismas y nunca los deja como los encuentra. Pero yo estaba a punto de vivir estas verdades de una manera muy real.

Creía (y sigo creyendo) que los desafíos crean problemas y oportunidades. Pero, más importante aún, era que sabía que la Biblia tiene razón cuando dice: "Ahora bien, sabemos que Dios dispone todas las cosas para el bien de los que lo aman, es decir, de los que él ha llamado de acuerdo a su propósito" (Romanos 8:28 RVC). Estaba resuelto a creer la Palabra de Dios. Necesitaba que las cosas fueran para bien en mi vida y en la de mi familia, y sinceramente creía que Dios cuidaría de nosotros en todos los sentidos. Parte de mis oraciones diarias era una petición por provisión y protección para cada uno de nosotros.

Lo interesante sobre los obstáculos importantes es que crean oportunidades únicas en la vida. Eso me sucedió a mí. Dos de los autores más importantes a quienes había tenido el privilegio de ayudar estaban a punto de cruzarse en mi camino *únicamente* por la pandemia. Sin esta terrible enfermedad, nunca habría conectado con ninguno de ellos. Vi de primera mano la Palabra de Dios en acción.

Un autor era un millonario internacional que me dijo que finalmente se vio en condiciones de escribir su tan deseada autobiografía solo debido a la pandemia. El segundo autor es tan famoso, que tuve que firmar un acuerdo de confidencialidad de tres páginas para descubrir quién era, y después un contrato de escritura de doce páginas. Me dijo que nunca habría tenido el tiempo para crear este libro de no haber sido por la pandemia. La pandemia, en definitiva, había provisto la oportunidad de que estos caballeros escribieran el libro que cada uno tenía en su corazón.

A veces, las cosas malas que nos ocurren en la vida nos sitúan directamente en el camino hacia las mejores cosas que nos sucederán en la vida. Dios tomó algo terrible y obró para el bien de estos hombres y el mío. La experiencia de colaboración con ellos me dejó mejor de lo que estaba antes. Crecí en áreas en las que nunca había tenido la oportunidad de crecer. Dios proveyó algo bueno en medio de lo malo. ¡Eso es lo que Él hace!

Puedes encontrar la siguiente historia en varios libros.

Un domingo en la mañana en una pequeña iglesia en Texas, el nuevo pastor llamó a uno de los diáconos de más edad para que cerrara el servicio en oración. El diácono se acercó al púlpito, se puso junto al pastor, inclinó la cabeza y dijo: "Señor, ¡odio la mantequilla!". El pastor abrió un ojo y se preguntaba a son de qué había dicho eso.

El diácono continuó: "Señor, ¡odio la grasa!". Ahora el pastor estaba totalmente perplejo.

El diácono continuó: "Y tampoco me vuelve loco la harina, pero cuando lo mezclas todo y lo cocinas en un horno caliente, ¡me encanta el bizcocho! Por lo tanto, Señor, ayúdanos a entender que cuando la vida se pone difícil, cuando llegan cosas que no nos gustan y no conseguimos saber qué estás haciendo tú, solo tenemos que esperar y ver lo que estás haciendo. Cuando termines de mezclar y cocinar, probablemente será algo mucho mejor que los bizcochos. ¡Amén!".

Al otro lado de la tormenta hay un día soleado. Cuando ocurre algo malo, tienes tres opciones: puedes dejar que eso te detenga, puedes dejar que te defina, o puedes entregárselo a Dios y confiar en que Él saque algo bueno de ello. Espera lo positivo incluso aunque tengas que creer un poco más de tiempo. Si siempre ves tu vaso medio vacío, viértelo en un vaso más pequeño y deja de quejarte. Rehúsa dejar que una mala situación saque lo peor de ti.

Escoge el gozo. No porque todo sea bueno, sino porque sabes que Dios es bueno. Alguien dijo una vez: "Cuando lleguen tormentas a tu camino, recuerda que conoces al dueño del viento. Cuando la enfermedad te encuentre, recuerda que conoces al gran médico. Cuando se te rompa el corazón, tan solo di: 'Conozco al alfarero'. No importa por lo que pasemos; Jesús es el camino, la verdad y la vida".

Mientras escribo este libro, el mundo no está seguro de si la pandemia de la COVID se ha terminado o no; o si ahora es un fenómeno endémico. Sin embargo, en un punto durante la pandemia, comencé a preguntarme ¡si me estaba bronceando con la luz del refrigerador! Mi amigo ministerial Tim Walker dijo: "Al margen de si ha sido un gran año, un año horrible o una mezcla de ambas cosas, hay algo que celebrar. Tendemos a recordar lo que deberíamos olvidar y olvidar lo que deberíamos recordar. ¡Pero la buena noticia es que sigues con vida! Puedes entristecerte por lo que has perdido o juntar lo que te queda, darle gracias a Dios, ¡y permitir que Él haga milagros con ello!".

Al margen del nombre que usen las personas para describir cosas malas, Dios continuará tomando lo malo y encontrando lo bueno para los que le aman y andan en su propósito. ¡Asombroso!

17

Los amigos se convierten en la familia que escogemos

Sentía que se acercaba el momento de poner fin a mi etapa de trabajo en Florida. Nos habíamos mudado allí hacía casi tres años atrás para ayudar a reflotar una editorial en apuros. Dios había hecho cosas milagrosas allí, y ahora a la empresa le iba muy bien. Sin embargo, creía que era el momento de cambiar, incluyendo nuestra mudanza de regreso a Tulsa. Linda y yo no le hablamos de eso a nadie.

Mientras pensábamos en la mudanza, fuimos a un evento a oír a una oradora llamada Kathy, que era ministra y autora a la que había ayudado a publicar dos libros. Ella era una maestra de la Biblia admirable, con mucho sentido del humor y una perspicacia espiritual increíble.

Tras su mensaje, Kathy compartió en privado con Linda y conmigo algunas cosas que sentía en su corazón de parte del Señor. Habló sobre un cambio que llegaba, y dijo que Linda debería mostrarle al Señor el deseo de su corazón, diseñándolo, recortando imágenes concretas de las revistas, y poniéndolo todo delante de Él. Linda se emocionó al oír eso porque era una confirmación personal del Señor de que debía continuar lo que *ya había estado haciendo*: sacando imágenes de revistas y compilando una carpeta llena de lo que quería específicamente en nuestra nueva casa.

Poco después, asistí a una conferencia en Tulsa. Era importante para mí estar allí para reunirme con algunos ministros destacados sobre sus libros. A la vez, aproveché la oportunidad para buscar casas en la zona. Conecté con un agente de bienes raíces muy bueno que me enseñó siete casas, pero ninguna de ellas parecía ajustarse a nuestras necesidades.

Había terminado de mirar casas ese día cuando me encontré con un buen amigo y miembro del comité ministerial, Tim Redmond. Me invitó a cenar, y tenía muchas ganas de verlos a él y a su esposa Sandy.

Mientras manejaba por la calle que llevaba al barrio de Tim, me fijé en un vecindario a mi derecha que nunca había visto. Su puerta de entrada siempre había estado cerrada; sin embargo, esa noche estaba abierta y había un pequeño letrero fuera que decía "En venta por la Promotora". Decidí entrar en el vecindario. Era un gran círculo con aproximadamente una decena de casas muy hermosas. Cada una tenía unos cuatro mil metros cuadrados o más, con árboles majestuosos. Por desgracia, también parecían ser muy caras.

Aun así, decidí al menos soñar con vivir allí y busqué la casa en venta. Mientras manejaba por el círculo, vi una casa muy hermosa con una alberca preciosa y una catarata en el jardín trasero. Dudé cuando vi que la señal de "En venta por la Promotora" estaba ahí, pero pensé: *No tengo nada que perder. Tocaré el timbre y veré si me entero de las condiciones.*

Estacioné mi auto en la entrada semicircular, caminé hasta la entrada, y toqué el timbre. Salió un hombre a la puerta, y antes de que yo pudiera decir palabra, dijo: "John Mason, ¿qué estás haciendo aquí? Pensaba que vivías en Florida". Yo no conocía a ese hombre, pero evidentemente él sí me conocía a mí. Le dije que estaba considerando mudarme a Tulsa y que estaba buscando casas mientras estaba allí. Admití que había estado buscando casas un poco más económicas.

Me dijo: "¿Por qué no entras y echas un vistazo a mi casa de todos modos?". Entonces añadió: "¿Te gustaría usar mi cámara de video para que le puedas enseñar la casa a tu esposa cuando regreses? Además, tengo una hipoteca especial de la promotora que me da mucha flexibilidad para financiar esta casa, y podría hacer que la usara también el posible comprador".

Pensando que estaba fuera de mi alcance, pero sin duda interesado, recorrí la hermosa casa e hice la grabación. Sabía que Linda aún estaba creando una carpeta de su casa de ensueño en base a lo que Kathy le había animado a hacer, y en general conocía lo más destacado. Comencé a pensar: *Mucho de lo que hay aquí es lo que quiere Linda, y sería perfecta para nuestros cuatro hijos.* Al terminar mi recorrido, el constructor me dijo el precio y la financiación especial, lo cual hacía que adquirir la casa fuera una posibilidad. Sintiéndome algo más que ilusionado, salí y conduje medio kilómetro hasta llegar a la casa de mi amigo Tim.

Mientras cenábamos, Tim y Sandy estaban fascinados de oír sobre las casas que había visto. Les describí algunas de ellas pero les dije que ninguna parecía encajar con nuestras necesidades. Después dije: "Y hay una que no estoy seguro de poder permitirme, pero es una casa muy hermosa con todo lo que necesitamos y más, justo un poco más abajo en esta misma calle".

Pude ver que los ojos de Tim se agrandaban cada vez más mientras describía la casa. Cuando terminé, me dijo emocionado: "Conozco esa casa. Es una casa fantástica. En realidad estuve allí varias veces mientras la construían. Mientras la miraba, realmente sentí en mi corazón que tenía que bajarme del auto, caminar alrededor de la casa y declarar esta oración por ella: 'Esta casa es para el ministerio. Esta casa es para el ministerio'".

Ahí estaba uno de los miembros de mi comité ministerial, ¡diciéndome que había orado pidiendo "esta casa para el ministerio" meses antes! Era evidente para mí que Dios estaba tramando algo para mi familia. También le expliqué a Tim el arreglo financiero. Él estaba familiarizado con ese tipo de préstamos, y sabía con seguridad que era posible que nosotros usáramos ese método para intentar comprar la que sería una casa milagrosa para nosotros.

Cuando regresé a casa, le conté a Linda que tenía algo emocionante que enseñarle y le mostré el video que había filmado de la casa. Era todo lo que ella había dibujado, recortado y puesto en su carpeta, además de elementos adicionales útiles y hermosos que no estaban ahí. ¿No suena esto a Dios? Linda había orado precisamente por una casa así.

Por supuesto, compramos esa casa, después nos mudamos de nuevo a Tulsa y vivimos en ella con nuestros cuatro hijos por casi veinte años. Fue una bendición. Dios sabía lo que necesitábamos. Usó a personas para mostrarnos y confirmarnos lo que debíamos hacer. "Siempre habrá una razón por la que conoces a ciertas personas. O bien los necesitas para cambiar tu vida, o eres tú el que cambiará la vida de ellos", dijo Angel Flonis Harefa.

Gracias, Kathy, por darle esa palabra a Linda; y gracias, Tim, por orar por esa casa y animarme. Dios bendice a su pueblo a través de personas, y por eso las asociaciones son clave. Con quien te asocies afecta de forma increíble tu vida para bien o para mal.

Una forma segura en la que Dios nos ayuda a ser fuera de lo común es mediante las amistades. Creo de todo corazón que a Dios le importan mucho las personas que escogemos como amigos. Proverbios 13:20 nos dice: "Quien se junta con sabios, sabio se vuelve; quien se junta con necios, acaba mal" (RVC). Yo busco amigos que sean sabios. Serás como aquellos con los que te asocias. Proverbios 27:19 dice: "Así como el rostro se refleja en el agua, el corazón refleja a la persona tal como es" (NTV). Si te asocias con cuatro amigos fuera de lo común, serás alguien fuera de lo común. Pero si te asocias con cuatro amigos comunes, serás alguien común.

Los buenos amigos sacarán lo bueno que hay en ti. Ellos te aceptan como eres y colaboran en ayudarte a ser la persona que deberías ser. Estos amigos te dejan mejor que como te encontraron. Iluminan tu vida, así que "mantente cerca de los que te parecen un amanecer", como dijo alguien una vez.

Según creces en el Señor, algunos de tus amigos dejarán de ser como son, así que necesitarás nuevos amigos. Tendrás que decir no a algunos amigos y pasar menos tiempo con otros. Eso no siempre es fácil de hacer, pero debes hacerlo. Diles adiós, pero atesora los buenos recuerdos que crearon juntos.

Yo intento mantenerme alejado de personas "aún". Aún enojadas. Aún estancadas. Aún poniendo excusas. Aún sin trabajar. Aún palabras pero no hechos. Aún quebrados, Aún usando el mismo pretexto. Aún pensando en vengarse. Aún sin acción. Aún ofendidos. Aún culpando a Dios.

Yo quiero personas "son" en mi vida. Son piadosas. Son confiables. Son un buena reputación. Son íntegras. Son fieles. Son útiles. Son trabajadoras. Son entusiastas. Son leales. Son amables. Son fuera de lo común. Son de confianza. Son alegres. Son valientes. Son personas que andan en la voluntad de Dios.

Uno puede saber quiénes son sus mejores amigos: aceptan tus imperfecciones, te ayudan a crecer en Dios, te hacen reír hasta no poder más, y te hacen sonreír cada vez que los ves. Te ayudan cuando nadie más sabe que has tropezado. Hacen que los buenos tiempos sean mejores y que los tiempos difíciles sean más fáciles.

Como dijo alguien: "Los grandes amigos saben lo loco que estás y aun así escogen estar contigo en público. Juntos, tú y tus mejores amigos probablemente provocarán problemas algún día cuando estén en la residencia de ancianos".

18

Continúa: es el único camino para llegar donde se supone que debes estar

Corre el año 1943, y está comenzando la Segunda Guerra Mundial.

Un joven se encuentra en una esquina del centro de Jackson, Mississippi, temprano como cada mañana hasta que se hace de noche vendiendo periódicos. A la vez, vende sellos de guerra para apoyar los esfuerzos de la guerra.

Nació en un hospital benéfico, se crio en la zona más pobre de la ciudad, y la mayoría de sus jóvenes amigos están ahora en la cárcel. No tiene hermanos, ni hermanas, ni tíos, ni tías. Su papá murió cuando él tenía diez años, algo que lo convirtió de inmediato en el único sostén para su mamá analfabeta y para él mismo.

Había un concurso en los Estados Unidos para ver quién vendía más sellos. Contra todo pronóstico, este muchacho vendió sellos por un valor de doce millones de dólares. ¿Cuánto vendió el que quedó en segundo lugar? Cuatro millones de dólares. Como resultado, ganó un viaje para conocer al presidente de los Estados Unidos, y con un traje prestado dos tallas más grande que la suya, se dirigió a Washington D. C., para hacer el viaje de su vida.

Más adelante, este joven sirvió a su comunidad trabajando como bombero por nueve años, y un día rescató a una niña a la que nadie más pudo salvar. Se graduó de la Universidad Hinds Junior College en Mississippi, después se casó con una morena muy guapa de Indiana, y poco después se graduó de la Universidad de Indiana, con una carrera en Administración de empresas.

Después de servir a su país en el ejército, dirigió una exitosa sucursal para su jefe, logrando más de treinta años consecutivos de beneficios. Durante todo ese tiempo, nunca perdió el equilibrio de amar a su esposa, amar a sus hijos, y amar a Dios.

Un éxito de verdad para mí. El mayor éxito.

Fue el padrino de mi boda. Era, sin lugar a dudas, el hombre más trabajador con el que he trabajado nunca; y cuando piensas dónde empezó, los obstáculos que superó y cómo terminó, fue el hombre más exitoso que he conocido.

Hoy pienso en él mientras escribo este libro. Verás, ese niño era mi papá: Chester Mason. Contra todo pronóstico y a pesar de todos los obstáculos, lo consiguió.

Mi papá nunca le dio demasiada importancia a lo que tuvo que superar. Tan solo lo hizo porque no quería quedarse donde estaba. Quería una vida mejor para él mismo y para su familia.

A veces, cuando dudo de lo lejos que pueda llegar, me acuerdo de lo lejos que llegó mi papá en la vida. Vi todo lo que tuvo que enfrentar, todas las batallas que ganó, y todos los temores que superó. Todas las mejores historias tienen una cosa en común: luchar contra todo pronóstico para alcanzar tus sueños.

Cuando te enfocas en tus dificultades, tendrás más dificultades. Cuando te enfocas en las oportunidades, tendrás más oportunidades. Cuando alguien te dice: "No se puede hacer", es más un reflejo de su pensamiento limitado, no del tuyo.

Superar obstáculos impacta tu vida y a todos los que están conectados a ti ahora y a los que lo estarán en el futuro. Por lo tanto, si no estás seguro de continuar, recuerda que otros dependen de ti. Un día contarás tu historia de cómo superaste lo que estás enfrentando ahora, y se convertirá en parte de la inspiración de otra persona para seguir avanzando.

El secreto para el éxito definitivo es tomar lo que tienes y avanzar en fe, al margen de los obstáculos que tengas. No llegaste hasta aquí para llegar solamente hasta aquí.

Ningún obstáculo te deja como te encontró. O bien te mejora, o te empeora. Dios sabe que los obstáculos que hay en tu camino están ahí para prepararte para las bendiciones que te esperan en la meta.

Cuando pienso en la vida de mi papá, estoy de acuerdo con lo que dijo Booker T. Washington: "He aprendido que el éxito hay que medirlo no tanto por la posición que alguien haya alcanzado en la vida, sino por los obstáculos que haya superado mientras intentaba tener éxito".

19

Dios bendice a las personas a través de las personas

Mientras trabajaba como ejecutivo en una empresa editorial, se despertó en mí el deseo de escribir un libro. Nunca había considerado ni en lo más remoto escribir uno hasta ese momento. Mi nota en la asignatura de inglés solía ser de Notable, y era a mi esposa, y no a mí, a quien los maestros le decían: "Estoy seguro de que un día leeré un libro tuyo".

Sin embargo, sentí fuertemente que tenía que escribir un libro. Así que hice lo único que sabía hacer: compré un libro sobre cómo escribir un libro. No fue cualquier libro, sino *el* libro: *The Elements of Style* (Elementos de estilo). Sin embargo, después de leerlo no estaba plenamente convencido de poder hacerlo.

Dios tenía otro plan.

Decidí ir a almorzar con un matrimonio al que respetaba en la empresa editorial. Ella supervisaba el departamento de edición, y él era la persona más preparada en información tecnológica. Nos vimos en un conocido restaurante mexicano.

Entre tacos y salsa, comencé la conversación contándoles cómo me sentía con respecto a escribir un libro, pero a mí me parecía imposible. De inmediato, ¡ambos dijeron que debería hacerlo!

Si estás metido en una zanja, nadie podrá ayudarte a menos que sepan que estás encallado. Sé sabio para saber cuándo necesitas ayuda y después ten la valentía de pedirla. Sé valiente. Pide a alguien que te ayude. No tienes que hacerlo todo solo. No fuiste creado para ser un llanero solitario. Una clave para tener éxito es admitir que no sabes algo y pedir ayuda.

Aún recuerdo la emoción en sus voces. Habían estado en muchos entornos devocionales donde yo había hablado, y me dijeron: "Tienes que ser tú mismo. A ti te gusta contar historias; comparte dichos cortos y concisos; y anima a todos. Tú no haces perder el tiempo a la gente cuando hablas. Tus palabras son memorables".

De repente, pude ver cómo podía hacerlo. Siendo yo. Siendo claro. Siendo breve. Siendo divertido. Siendo alentador.

¡Ser yo mismo!

Comencé a escribir dando pequeños pasos, decidido a mantenerme fiel a mí mismo, y en poco más de dos años terminé mi primer libro.

Entonces Dios alineó a una segunda persona para cambiar de nuevo mi pensamiento limitado. Nunca olvidaré el día en que llegó el libro a la oficina. Ahí estaba, nuevo y resplandeciente, con una imagen decente de mí en la cubierta (una buena fotografía es la que realmente no se parece a ti. ¿Te has dado cuenta de que la gente raras veces se parece a su fotografía? Yo he sido culpable de eso, ya que dejé mi foto de cuando tenía treinta años en la cubierta de mis libros por casi veinte años. Así que imagino que dejamos la foto porque se ve bien. ¡Y se ve incluso mejor con el paso de los años!).

Llevé mi libro a la oficina de Pat Judd. Pat es un buen amigo, y estaba a punto de sacudir mi pequeño mundo con sus palabras.

Le dije que tenía "grandes expectativas" para el libro. Aunque sabía que del libro promedio que lanza una editorial ya establecida se vendían unos cinco mil ejemplares en ese entonces, yo tenía la esperanza de que el libro que yo mismo había publicado se vendiera igual, ¡o quizá incluso hasta diez mil ejemplares!

Pat me miró, y me dijo con sinceridad en su voz: "Para mí será una decepción si no se venden cien mil ejemplares de este libro".

Mi amigo era un alto ejecutivo en la venta de libros y la mercadotecnia, así que sabía de lo que estaba hablando. Pero ocurrió algo cuando él dijo esas palabras sobre mi libro: ¡algo se destapó! Mis expectativas cambiaron drásticamente. Ahora el cielo era el límite, queriendo decir que ni el libro ni yo teníamos límites. Yo conocía mis límites, ¡y ahora los estaba ignorando! Estaba decidido a ponerme metas que me asustaran y al mismo tiempo me emocionaran.

El resto es historia. Como mencioné en un capítulo anterior, se vendieron más de setecientos mil ejemplares del libro *Un enemigo llamado promedio* y se ha publicado en varios idiomas en todo el mundo.

He visto que cuando Dios se prepara para bendecirte, a menudo envía a una persona (o quizá a un matrimonio) a tu vida. Nadie es enviado a alguien por accidente. Dios usa a las personas para ayudar a las personas.

Pasar tiempo con Dios y con quienes Él te conecta pone todo lo demás en la perspectiva adecuada.

Las palabras importan. Especialmente las de las personas que Dios pone en tu camino.

Lo que vemos depende principalmente de lo que buscamos y de las personas a las que escuchamos. Lo que yo veía era un libro que no era capaz de escribir, y aunque lo hiciera, se hubiera vendido moderadamente bien. Dios me envió personas para cambiar mi perspectiva y mi esperanza. Algo cambió. De inmediato. Ahora podía escribir el libro. Dios lo preparó todo para que yo hablara con personas que me hicieron ver el mundo y mi futuro de un modo diferente.

Por favor, créeme cuando digo que la Biblia no se equivoca cuando dice:

> "Y ahora, a aquel que es poderoso para [llevar a cabo su propósito y] hacer mucho más de lo que nos atrevemos a pedir o pensar [infinitamente más de lo que podemos orar, esperar o soñar], conforme a su poder, que actúa en nosotros, a Él sea la gloria en la iglesia y en Cristo Jesús durante todas las generaciones ahora y por siempre. Amén".
>
> (Efesios 3:20-21 AMP, traducción libre)

No rebajes tu sueño para que se ajuste a tu realidad. Más bien, actualiza tu creencia para que vaya a la par de tu destino.

Creo que Dios envía personas a nuestra vida para decirnos "una palabra oportuna". Sin lugar a dudas, es una de las formas en que Él nos habla: a través de otros. Me resulta casi imposible creer que pudieras tener este libro para leer, sin esas personas que Dios envió en el momento oportuno y en el lugar oportuno para hablarme directamente. Él también te enviará personas a ti. Permanece abierto a ellas.

20

A Dios le importan las personas

Estaba emocionado y nervioso. Me habían invitado a hablar en una iglesia muy grande en su servicio del domingo en la tarde. Habría miles de personas allí, y ya sabía lo que sentía que tenía que compartir.

Me sentía honrado de que me hubieran invitado, y tenía ganas de que llegara ese domingo en la noche. Ya estaba en la ciudad, así que asistí al servicio del domingo en la mañana, el cual se desarrolló como de costumbre: cantos, anuncios y ofrenda. Entonces, antes de que comenzara el sermón, el pastor anunció que ese era un "domingo misionero", así que iban a recoger una segunda ofrenda para sus misioneros. *Muy bien*, pensé, *eso es bueno*. Así que hice una segunda donación.

Cuando terminó la colecta, un hombre se acercó al frente y describió una necesidad especial que había en la iglesia. Era una causa digna, un área ministerial muy necesitada. Al terminar, se nos dijo que también habría una ofrenda especial para esa necesidad, así que volvieron a pasar las cubetas por tercera vez. No recuerdo si aporté algo, pero sí recuerdo sentirme un tanto incómodo.

Cuando llegó el domingo en la noche, yo estaba listo. Comenzó el servicio, y hubo un tiempo maravilloso de adoración y cantos. Después llegó el momento de la ofrenda.

Sí, lo que ocurrió en el servicio de la mañana se repitió en el servicio de la noche. ¡Tres ofrendas más! Sabía que la mayoría de las personas que estaban allí habían estado presentes en la mañana, ¡lo cual significaba que se les pidió dar una ofrenda seis veces ese domingo!

Di mi mensaje y fue muy bien recibido. Gracias a Dios.

Cuando regresaba a mi asiento, se le dijo a la congregación que se recogería una ofrenda especial *para mí*. Una, dos, tres, cuatro, cinco, seis, ¡siete veces se les pidió a esas buenas personas que dieran ese día! Me sentía avergonzado. Tenía ganas de decir: "Déjenlo", pero no lo hice, ya que las cubetas ya habían comenzado su recorrido; otra vez.

No estoy diciendo que lo que ocurrió esté *mal*; la iglesia tenía causas dignas, pero ciertamente no estaba *bien*. Estoy agradecido por la oportunidad de dar para la obra de Dios, pero a veces hacer algo bueno demasiadas veces es demasiado.

Las personas no son un medio para conseguir un fin. Las personas son el fin. Cada una de ellas es importante para Dios. La madre Teresa nos recordó que cada persona a la que servimos es "Jesús disfrazado".

Tú y yo quizá no pidamos siete ofrendas a las personas con las que trabajamos y vivimos cada día, pero creo que todos podemos tratar mejor a los demás. Por lo tanto, dondequiera que vayamos, veamos a otros no como un medio, sino como el fin.

El autor Eric Hoffer observa: "La rudeza es la imitación de fortaleza del débil". Nunca te aproveches de otra persona. Todos cosechamos lo que sembramos. Siembra misericordia, y cosecharás misericordia. Siembra generosidad, y las personas serán generosas contigo. Siembra una sonrisa, ¡y observa cómo se ilumina la vida de otra persona!

Sé amable cuando sea posible; y siempre es posible.

Mira a las personas como Dios las ve, y no las juzgues por lo que visten, por el color de su piel, por dónde viven, por el auto que manejan, por el empleo que tienen o por cómo hablan. Es la idea de Dios que nos interesemos por las personas sin tener en cuenta lo que nos puedan dar. Todos merecen respeto y amabilidad.

Si amas a los demás genuinamente, querrás lo que es mejor para ellos, al margen de que eso te incluya o no a ti. Y cómo haces sentir a los demás habla mucho de ti. Como dijo el escritor y orador Robert Ingersoll: "Nos elevamos levantando a otros".

Si tienes que escoger, escoge ser amable y bueno. Lo más importante en la vida es lo que has hecho por otros. La mayoría de las personas pueden sonreír durante dos meses con cinco palabras de elogio y unas palmaditas en la espalda. La amabilidad no cuesta nada. Repártela por todas partes.

Edifica a otros. Pon en pausa sus inseguridades. Recuérdales que son dignos. Diles que son increíbles. Sé una luz en su oscuridad.

Pon a los demás primero. Nadie se engaña más que la persona egoísta. Tú y yo fuimos creados para ayudar a otros.

Me encanta cuando tengo la oportunidad de hablar, ya sea en una iglesia o en un entorno empresarial. Casi siempre me digo después: *Para esto fui creado, y quiero hacerlo más.* Creo que la base de este sentimiento es que, hace mucho tiempo, me di cuenta de que yo estaba ahí para la audiencia; la audiencia no estaba ahí para mí.

Cuando me preparo para hablar en alguna parte, y cuando estoy ahí, me aseguro de recordarme a mí mismo que estoy ahí para servir a otros; por lo tanto, mi oración suele ser esta: "Señor, soy el menor de la sala; estoy aquí como tu siervo. Así que úsame como tú quieras para bendecir y animar a tu pueblo".

El Dr. Tony Evans dijo una vez: "Cuando te das cuenta de que el propósito de Dios para tu vida no se trata solo de ti, Él te usará de una forma poderosa".

Hay dos tipos de personas en el mundo: los que entran a un lugar y dicen: "¡Aquí estoy!", y los que entran en un lugar y dicen: "¡*Ahí* estás!". Por lo tanto, ¿cómo reconoces a una buena persona? Una buena persona hace sentir bien a los demás. Encuentra la felicidad ayudando a otros a encontrarla.

Satisfacción significa irse a dormir en la noche sabiendo que hemos usado nuestros talentos y dones para servir a otros. Así que, sin importar cuán educado, talentoso, rico o fabuloso creas que eres, lo que más te describe es tu manera de tratar a los demás.

Nunca pienses que lo que tienes que ofrecer es insignificante. Siempre habrá alguien que necesite lo que tú tienes. "Nunca estarás contento si persigues el dinero y las cosas materiales durante toda tu vida, pero puedes encontrar el verdadero gozo dando y sirviendo a otros", nos recuerda el experto en finanzas Dave Ramsey.

Una vez escuché esto: "Llega un punto en tu vida en el que te das cuenta de quién importa, quién no importó nunca, quién no importará más, y quién importará siempre. Y, al final, aprendes quién es falso, quién es veraz, y quién lo arriesgaría todo por ti".

Sé tú *esa* persona, la que pone a los demás por delante de sí mismo.

21

Invierte en otros:
la recompensa puede ser eterna

Por desgracia, me encontraba en el consejo directivo de una iglesia intentando lidiar con la caída moral de su líder. Mientras el antiguo pastor y su esposa comenzaban su recorrido de restauración y reconstrucción de su matrimonio, tuve una conversación con él sobre dónde se encontraba.

"Soy totalmente responsable de mis acciones", dijo tranquilamente. "Vuelvo a las bases, a mi primer amor en mi relación con Dios".

Mientras seguíamos conversando, añadió: "Lo más revelador para mí es cuántas personas están completamente fuera de nuestra vida ahora. No tenemos casi relación con nadie, ni siquiera con los otros seis pastores encargados de mi restauración. Ninguno se ha puesto en contacto conmigo". Recuerdo que lo miré y dije: "Jim [no es su verdadero nombre], eres un riesgo que no quieren correr".

Jesús andaba con personas como Jim. Él se arriesgó con recaudadores de impuestos, prostitutas y gentiles. Creo que es con quienes más quería estar. Son los enfermos los que necesitan un médico, como Él dijo (ver Lucas 5:31). Pero ¿acaso no necesitamos *todos* el toque amoroso y sanador del gran Médico?

Dios envía personas a nuestra vida con las que deberíamos arriesgarnos, personas de las que otros huyen o ignoran. Pero, por desgracia, hacer eso por otros es poco frecuente.

Sherman (no es su nombre real), que vivía solo con su madre en una vieja granja, era alguien con el que nadie quería estar en la secundaria. Era un joven extraño, lento intelectualmente, y siempre desaliñado. Nunca se peinaba y siempre tenía mucha caspa. Y siempre olía; un olor que no olvidabas fácilmente.

Sherm y yo nos hicimos amigos. No sé por qué, pero yo me acerqué a él. Me mantuve lejos de muchos otros muchachos raros en la escuela, pero Sherm era alguien con quien yo quería tener una amistad. Sabía que él necesitaba un amigo.

Algunos días lo recogía en la escuela y lo llevaba a su casa después. Lo invitaba a pizza y lo llevaba a eventos de la escuela. Y una vez me las ingenié para arreglar una doble cita para él y para mí. Hablaba del Señor con él, y supe que tenía una relación personal con Dios.

Sherm siempre era callado, imagino que de esa manera en que pueden llegar a serlo las personas marginadas. Él quería caer bien a los demás, como nos sucede a todos, especialmente en la secundaria. Yo sabía que mi amistad significaba mucho para él, pero lo que él hizo por mí me tocó más que cualquier cosa que yo hice nunca por él.

Vi cuán bendecido fui yo, y cómo todos, *cada una de las personas*, son importantes para Dios. Sentí que Sherm era mi deber, y de un modo divino me fue asignado durante nuestros años de secundaria.

Perdí el contacto con Sherm cuando me mudé a más de mil kilómetros de distancia para ir a la universidad. Escuché que consiguió un empleo y que estaba trabajando mucho. Nunca se me ha olvidado el impacto que tuvo en la perspectiva de mi vida.

Creo que Dios envía a personas a nuestra vida no solo para ser una bendición para nosotros, sino más importante aún, para que seamos una bendición para ellos. No necesitas una razón por la que ayudar a otros.

Te desafío a hacer esta oración transformadora y peligrosa (en el buen sentido): "Señor, envía personas a mi vida a quienes pueda bendecir. Enséñame a amarlos como tú los amas. Y que un día te conozcan porque yo también los amé".

Una buena obra produce intereses. Creo que una de las marcas de la grandeza duradera es desarrollar grandeza en otros.

He descubierto que personas destacadas tienen una perspectiva única, que la grandeza ha sido depositada en ellas no para quedarse, sino para que fluya a través suyo hacia otros.

Todo lo que elogiemos, lo aumentamos. Por lo tanto, comparte algo de esperanza y ánimo con otros.

Tu oportunidad puede que no sea o actúe como Sherm, pero sé que cada uno de nosotros tiene personas en su vida a las que puede ayudar. Ninguna inversión que puedas hacer te rentará tanto como invertir en la mejora de otras personas a través de tu vida.

22

Aprende de los errores de otros. No puedes cometer tú solo suficientes errores

Permíteme contarte dos historias: una es verdadera, y la otra es legendaria.

Hasta que fue desmontada en 2007, Zingo era una famosa montaña rusa donde vivíamos en Tulsa. Tenía una caída de casi treinta metros e iba a ochenta kilómetros por hora. Se construyó a mano en 1968 y estaba hecha de madera y acero. El marco de madera hacía que se sintiera y sonara un poco tambaleante, lo cual añadía una medida de temor al viaje.

Era una montaña rusa buena y rápida.

Mi hija Michelle tenía ocho años, y durante meses me había pedido que la llevara a Zingo ahora que tenía la altura suficiente para poder subir. No estaba seguro de cómo resultaría, pero accedí, y nos fuimos al parque de atracciones Bell, donde nos esperaba Zingo.

Emocionados, hicimos fila esperando nuestro turno, viendo a todos los grupos, casi todos jóvenes, subirse a la montaña rusa. Algunos gritaban, otros cerraban los ojos, pero la mayoría se lo pasaban genial.

Por fin llegó nuestro turno. Nos sentamos en nuestros asientos en la primera fila. El ayudante nos "encerró" bajando una barra de protección delante de nosotros, pero aún había tanto espacio entre Michelle y la barra que no llegaba a asirse de ella. Y había una apertura a su derecha, por donde habíamos entrado para sentarnos. Vi su miedo inicial, así que le rodeé con mi brazo.

Comenzamos a subir lentamente la primera cuesta. Yo ya me había subido en Zingo y sabía que la primera caída era la más grande, así que miré a Michelle para ver cómo estaba. Tenía la mirada fija hacia delante, y estaba abrazada a mí con tanta fuerza que casi no me dejaba respirar. Para añadir más a su anticipación, los diseñadores del recorrido habían añadido un *clic, clic, clic* cada poca distancia mientras subíamos por la cuesta.

A unos tres cuartos del camino, el temor de Michelle se transformó en un grito a todo pulmón, y ni siquiera estábamos todavía en lo más alto. En pocos segundos, ¡caeríamos en picado desde unos treinta metros a ochenta kilómetros por hora!

Pensando que estaba a punto de volar de su asiento, lo que sería una muerte segura, ella se aferró a mí incluso con más fuerza y gritó aún más alto. Siguió gritando desde la primera caída hasta el momento en que finalmente el vagón se detuvo, en el mismo punto donde nos habíamos subido. Vivos, pero en mi caso con la audición disminuida en el oído que estaba más cerca de mi hija (es broma).

Es un recuerdo que Michelle y yo nunca olvidaremos.

Esta es la segunda historia, contada a menudo para ilustrar un punto.

Una anciana de Florida entró para hacer la compra, y al regresar al estacionamiento vio que había cuatro varones intentando llevarse su vehículo. Ella soltó las bolsas de la compra y sacó su pistola, gritando a todo pulmón: "¡Tengo un arma, y sé usarla! ¡Salgan del auto!".

Los cuatro hombres no esperaron a una segunda invitación; salieron del automóvil y corrieron como locos. La señora, un tanto temblorosa, procedió a cargar las bolsas de la compra en el maletero y se subió en el asiento del conductor. Temblaba tanto, que no atinaba a meter la llave en el contacto. Lo intentaba una y otra vez, y entonces supo por qué le estaba costando tanto.

Pocos minutos después, encontró su propio auto estacionado cuatro o cinco lugares más adelante. Subió las bolsas otra vez, ahora sí, a su auto y fue directamente a la comisaría de policía. El oficial a quien le contó la historia casi de parte en dos de la risa. Le señaló al otro extremo del mostrador, donde había cuatro hombres pálidos reportando que una anciana, loca, de piel blanca y de menos de un metro y medio de altura, con lentes y cabello blanco rizado les había robado el auto con violencia, usando una pistola de gran calibre.

No se presentaron cargos.

¿La moraleja de estas dos historias?

A veces en la vida, nosotros somos esa ancianita. Estamos seguros de que tenemos la razón, y hacemos que los demás reaccionen en base a lo que "sabemos" que es cierto. Pero quizá estamos equivocados. Eso crea un caos, y tenemos que arreglarlo.

A veces somos los cuatro hombres. Estamos haciendo nuestras cosas, y de repente nos sorprendemos al vernos expulsados de nuestra zona de confort sin razón aparente, solo para descubrir después que durante todo el tiempo teníamos la razón. Y entonces somos capaces de volver a lo que estábamos haciendo antes, solo que ahora tenemos una nueva perspectiva y un nuevo aprecio junto a una sonrisa en nuestro rostro.

A veces somos la persona ambiciosa que espera subirse a "Zingo". A todos nos han dicho que la mejor forma de superar nuestros miedos es haciéndoles frente. Y eso es cierto. Pero también es cierto que, cuando haces algo que siempre has querido hacer, quizá te decepcionas o incluso te asustas cuando llegue el momento de hacerlo. En cualquier caso, descubrirás algo de ti mismo que no sabías antes.

Nunca es demasiado tarde para hacerlo mejor. Dios amplía nuestros horizontes cada vez que acudimos a Él. Cuanto más conocemos a Dios, más descubrimos lo mucho que nos queda por conocer de Él. Él quiere llenar cada vacío y cada oportunidad en nuestra vida.

La vida es como una montaña rusa. Podemos gritar cada vez que hay una caída, o alzar los brazos al cielo y disfrutar del viaje. Nuestro Padre celestial está con nosotros en todos los giros y curvas, subidas y bajadas, desde el principio hasta el final.

23

El éxito es una serie de pequeñas victorias

¿Alguna vez te has sentido menospreciado cuando te han preguntado cosas como: "¿Estás en el ministerio a *tiempo completo*? ¿Viajas a *muchas* naciones? ¿Estás ganando a *miles* para el Señor?".

No caigas en la trampa de pensar que solo eres importante para Dios si estás haciendo o diciendo cosas *grandes*. La madre Teresa dijo: "No todos podemos hacer cosas grandes. Pero podemos hacer cosas pequeñas con un gran amor".

Dios está en las pequeñas cosas. Todo es importante cuando estás haciendo su voluntad. No caigas en la trampa de la comparación, diciéndote, "lo que hago es demasiado pequeño o demasiado irrelevante comparado a lo que otros hacen". Deja de intentar ser como los demás, porque tú no eres *como* todos los demás. "La forma en que hacemos cosas pequeñas determina la forma en que hacemos todo", observa el escritor Robin Sharma.[1]

Permítete pequeñas victorias. No te niegues el darte el crédito por lograr algo, por muy insignificante que pudiera parecer en ese momento. En lugar de no hacer nada hoy porque estás abrumado o lleno de temor, haz algo aunque sea pequeño, porque entonces estarás un paso más cerca de tu meta.

Lo pequeño llega donde lo grande no puede.

Hace años atrás, tenía prisa por llegar donde me dirigía, y tras apagar el motor de mi automóvil, se me cayeron las llaves en el abismo que hay entre el asiento del conductor y el compartimento entre los dos asientos. Todos los conductores conocen ese lugar: oscuro, estrecho, y de difícil acceso. Por fortuna para mí, mi hijo de seis años, Mike, estaba conmigo. Cuando le pregunté si podía alcanzarle a papá las llaves, enseguida metió su manita en el hueco y rápidamente las recuperó.

Su mano pequeña pudo entrar donde mi mano más grande no podía (por cierto, Mike era tan bueno encontrando cosas que incluso ahora, que es un adulto, nuestra familia frecuentemente acude a él, ¡o a los nietos! cuando no encontramos algo).

No subestimes o menosprecies el lugar donde estás y lo que estás haciendo ahora. Dios comienza donde tú estás: siempre. Es la forma en que Él te lleva desde donde estás hasta donde quiere que estés.

Todo lo grande comienza con algo pequeño.

El éxito se encuentra en hacer bien cosas pequeñas todos los días, así que haz algo pequeño para que el hoy sea mejor que el ayer. Esta es una oración que me gusta hacer para mí y también sugerir a otros que la hagan: "Señor, envía pequeñas oportunidades a mi vida para que pueda usar lo que has puesto dentro de mí para ayudar a otros".

En la película *El hobbit*, basada en el libro de J. R. R. Tolkien, el personaje de Gandalf dice: "Saruman cree que solo un gran poder puede mantener controlado el mal, pero no es eso lo que yo he experimentado. Son las pequeñas obras cotidianas de tipos comunes lo que mantiene a raya a la oscuridad; pequeños actos de bondad y amor".[2]

Si no puedes ayudar a cien personas, ayuda solo a una. Cuando los niños se caen cincuenta veces al aprender a caminar, nunca piensan: *Quizá esto de andar no es para mí.* No, siguen dando esos pequeños pasitos, y poco después, ya están corriendo. Esta idea lo enmarca con humor: "Si piensas que eres demasiado pequeño para ser eficaz, es que nunca has estado en la oscuridad con un mosquito".

Me enamoré de mi esposa por los cientos de pequeñas cosas que ella no sabía que hacía y que me hacían sonreír. Los mejores momentos de tu vida serán los momentos pequeños y aparentemente insignificantes que pases sonriendo y riéndote con alguien importante para ti. El amor es algo grande construido a base de cosas pequeñas.

Lo que podría parecerte una pequeña acción, podría ser algo muy grande para otra persona. Las pequeñas mejoras diarias son la clave para conseguir resultados a largo plazo asombrosos.

24

No sumes a tu vida a quienes te restan

Aproximadamente un año después de que se publicara mi primer libro, mi vida y ministerio estaban explotando. Dios estaba abriendo puertas asombrosas para que yo hablara, y se vendían miles de ejemplares del libro cada mes. Estaba en una época de gran cosecha.

Pensé que ese era el momento perfecto para visitar a un líder cristiano muy reconocido y respetado al que conocía desde la universidad, para buscar consejo sobre cómo abrirme paso por lo que me pudiera deparar el futuro. La cita estaba fijada, y tenía muchas ganas de que llegara, así que ya tenía preparadas todas las preguntas que le haría.

Estaba a punto de aprender algunas lecciones muy valiosas.

Nuestra reunión de treinta minutos comenzó, y empecé a contarle todas las cosas increíbles que Dios estaba haciendo en mi vida: grandes respuestas cuando hablaba y oraba por la gente, muy buenas ventas del libro en todo el mundo, y más. Terminé mi descripción diciendo: "Tú tienes un ministerio sólido y respetado, y me conoces. Estoy aquí para abrir mi corazón a tu sabiduría. Quiero que me digas lo que consideres oportuno".

Sus palabras no fueron en absoluto las que yo esperaba. La única manera en la que se me ocurre describir lo que ocurrió es que comenzó a hablarme como si yo fuera un estudiante de primer año de la escuela bíblica a quien él no conocía.

"Bueno, no te compres una computadora; he visto demasiados ministros malgastar mucho de su dinero en eso".

Después: "No creas que lo que te está sucediendo en tu ministerio ahora seguirá siendo así".

Y: "Haz todo a través de tu iglesia local, y asegúrate de contratar a una secretaria que no sea linda".

Todo ello con algunos pensamientos más, todos ellos generales y enlatados.

Fue como si yo no estuviera ahí. No sé si estaba siendo cuidadoso o simplemente era incapaz de impartir sabiduría en una persona que estaba haciendo mucho fuera de su iglesia. Indudablemente, sentía que no quería asumir ningún riesgo en las "recomendaciones" que me daba.

Aunque no saqué en claro mucho de la reunión, sí me llevé varias lecciones valiosas que he usado desde ese día en adelante. Permíteme compartir contigo algunas de ellas.

Cuando una persona ya no puede aportar a tu vida, es el momento de dejar de acudir a ella en busca de dirección. A veces, tu círculo en general reduce su tamaño pero aumenta su valor.

No dejes que te afecte si alguien a quien respetas y esperas que te afirme, no quiere o no es capaz de hacerlo.

El simple hecho de que alguien te conozca desde hace mucho tiempo no significa que tenga algo que aportar a tu futuro. Algunas personas no tienen la capacidad de mirar fuera de su mundo para contemplar el tuyo. Simplemente no son capaces de identificarse o de interesarse por nadie que esté fuera de su mundo. Son una autoridad únicamente en un tema: ellos mismos y lo que *ellos* hacen. Tal vez puedas aprender de ellos en cuanto a detalles administrativos, pero no pueden hablar a *tu* vida, a *tu* mundo. Entonces ¿para qué permitírselo?

Mi punto principal es que, si alguien no tiene nada que aportar, ¿para qué hablar, escuchar o recibir de esa persona? Cuando comenzamos a crecer fuera de su caja, ellos se vuelven mucho más irrelevantes como guías. Aunque su consejo pueda ser bien intencionado, tal vez sin mala intención te están dando un consejo poco nítido e impersonal para minimizar su riesgo si algo sale mal y les deja mal a ellos.

Rodearte de personas que piensan en pequeño puede limitar tus sueños a hacer lo mismo de forma repetida con la misma gente. Eso crea una vida limitada, porque cuando dejas que otras personas definan tu mundo, siempre harán que sea demasiado pequeño. Dios sabe quién debería estar en tu vida y quién no. Confía en Él y suéltalo. Aquel que Dios sabe que debería estar ahí, seguirá estando ahí.

La calidad de tu pensamiento afecta la calidad de tu vida. Atrae a personas con una mente creativa y un compromiso con sus sueños que sea contagioso. Las personas o bien estirarán tu visión, o encogerán tu sueño.

¡Estás destinado para mucho más!

25

Hoy es la oportunidad por la que has estado orando

Era un hermoso jueves; me había tomado la tarde libre y estaba jugando golf con mi hijo Greg. Como de costumbre, me estaba ganando.

Sonó mi teléfono, y respondí. Era una llamada de larga distancia. El fundador de Get Motivated Seminars (Seminarios Motívate), Peter Lowe, me llamaba desde su avión en un vuelo sobre el Océano Atlántico desde Londres a los Estados Unidos.

"John, quiero que hables en nuestro evento de Carolina del Norte el próximo martes, ocupando el lugar de Larry King en la plataforma". Yo había escuchado que Larry King acababa de someterse a una cirugía de corazón de emergencia. ¡Ahora yo iba a ser su sustituto!

Le dije a Peter: "Por supuesto que lo haré; es un honor". Colgué, y después jugué fatal el resto del partido. Eso era algo "de primer nivel". Estaría hablando junto a Barbara Bush, Dick Vitale, Zig Ziglar, y varios otros oradores famosos. Peter me dijo que yo cerraría el evento (como solía hacer Larry King), así que tenía que "meter un gol de media cancha" y que la gente se sintiera genial.

Llegué el día antes del evento porque quería asegurarme de estar preparado y listo para salir, pero no dormí muy bien. Tenía un sueño muy detallado y recurrente. Estaba de pie detrás de la plataforma, oyendo un anuncio que decía: Larry King no estará aquí esta noche, así que en su lugar, tendremos a…¡John Mason!

Mientras soñaba, veía a trece mil personas saliendo del estadio mientras yo intentaba dar el mejor discurso de mi vida a una audiencia en movimiento.

Por supuesto, no sucedió nada parecido a eso. Peter hizo un gran trabajo presentándome, el discurso salió bien, y la multitud estuvo genial. Conocí a muchas personas famosas detrás del telón. Una hora hablando con Dick Vitale sobre básquet fue inolvidable. Además, ahora puedo contarte esta historia.

Recuerda: lo que temes raras veces sucede. Eres tú el que pierde cuando dejas que el temor te impida hacer lo que te da miedo hacer. Aunque yo podía haber visto esa invitación y su momento como algo demasiado intimidante para aceptarlo, no lo hice. Tuve en mente que era una gran oportunidad, y sabía que Dios quería que lo hiciera.

Las excusas siempre estarán ahí a tu disposición. Las oportunidades no. El CEO de Dell Technologies, Michael Dell, observa: "No emplees tanto tiempo intentando escoger la oportunidad perfecta, que te haga perder la oportunidad correcta". La verdad es que no tenemos oportunidades ilimitadas. Y nada es más decepcionante que perder una oportunidad que podría cambiar tu vida.

Nuestra charla con Dios comienza con la palabra *sigue* y termina con la palabra *ir*. El diablo odia que un creyente diga: "Haré lo que tú me digas, Señor". Adelante. Nunca sabes lo bueno que habrá al otro lado de tu acción. Dios envía la oportunidad, pero a nosotros nos toca actuar.

Las oportunidades son impacientes y puede que no te esperen, así que intenta estar listo para la oportunidad antes de que se presente. La oportunidad baila con el que ya está en la pista de baile.

La disponibilidad es la habilidad más importante que puedes tener. Siempre están el tiempo y la oportunidad. Cuando la oportunidad llame a tu puerta, no te pierdas buscando un trébol de cuatro hojas en el patio de atrás.

Aprovecha el momento. Está preparado. ¡Di sí! Algunas oportunidades no llaman dos veces. Ha llegado tu turno. Es el tiempo de *ser alguien fuera de lo común.*

26

Te perdono. Adiós

¿Alguna vez te han estafado o se han aprovechado de ti?

Poco después de graduarme de la universidad, conocí a un hombre al que llamaré Ron, que parecía estar trabajando con varias personas de influencia en el liderazgo cristiano por todo el país. En ese entonces yo no lo sabía aún, pero también estaba aumentando su fama de "charlatán" en la comunidad de empresarios cristianos.

Quería reunirse conmigo, a lo cual accedí. Habló sobre el trabajo de consultoría que estaba haciendo con iglesias y ministerios, y me preguntó si quería ayudarle a realizar parte de su trabajo.

Salí de nuestra reunión emocionado, porque yo había querido ayudar a personas en el liderazgo. Comenzamos a trabajar juntos, pero casi desde el inicio tuvimos un problema: no me pagaba. Por supuesto, me prometía que me pagaría. Siempre parecía haber alguna razón por la que no podía hacerlo. Sin embargo, yo sabía que *él* sí estaba cobrando por el trabajo que *nosotros* hacíamos.

También observé algunos patrones en su vida: exageraba en todo. Llegaba tarde intencionalmente a las reuniones para hacer esperar a los demás como muestra de poderío, y después presumía de ello conmigo. Hablaba sobre posibles proyectos para hacer que yo reservara tiempo para ellos en mi agenda, pero cuanto más esperaba, más me debía por ese tiempo. Me sentía atrapado.

No confíes en las palabras, y cuestiona las acciones, pero nunca dudes de los patrones.

Por supuesto, Linda no confió en ese tipo desde un principio. Ella discernió que algo no estaba bien. Yo era joven y bobo, y en ese tiempo no entendía el instinto tan increíble que pueden tener las mujeres. De hecho, le dije estúpidamente que era yo el que tenía los estudios en negocios, como respuesta a algunas de sus fuertes reticencias.

Nuestras finanzas eran cada vez más apretadas, pero sentía que no podía irme porque ese hombre me debía mucho dinero y seguía diciendo que en cualquier momento me pagaría. Pero mi tozudez provocó un agujero financiero en el cual me hundía cada vez más profundamente.

Finalmente, supe que lo mejor era no tener nada que ver con Ron, y que irme sería lo mejor que podía hacer. Concerté una reunión con él a las 8:00 de la mañana. Sabía que él no llegaría a tiempo, así que a las 8:01 me fui. Unos treinta minutos después, recibí una llamada de él preguntándome enojado dónde estaba. Le dije que me había ido, y que no regresaría.

No estés donde no debes estar. Todos debemos saber qué puentes cruzar y qué puentes quemar. Recuerda el dicho: "No culpes a un payaso por actuar como un payaso. Pregúntate por qué sigues yendo al circo".

Más adelante supe que este hombre nunca tuvo intención de pagarme y planeaba usarme gratis todo el tiempo que pudiera. Como resultado, me encontré en una situación económica difícil que me tomó mucho tiempo rectificar. Todo debido a sus mentiras. Yo estaba furioso con él por lo que nos había hecho a mi familia y a mí.

Varios años después, Dios bendijo nuestra vida y ministerio y escuché que Ron estaba en una situación problemática. Debo admitir que me alegré de saber que estaba en apuros. Con los años, después de haberme desconectado de él, oí que también había estafado a otras personas, y sentí que estaba recibiendo su merecido.

Entonces, un día sentí claramente que el Señor hablaba a mi corazón, diciéndome que me acercara a Ron, orara por él y lo animara. Está claro que en ese momento hubiera preferido animar a cualquier otra persona sobre la faz de la tierra; sin embargo, sabía sin lugar a dudas que el Señor me estaba dirigiendo a hacerlo. No sé si teológicamente es justo decir que el Señor estaba probándome para ver si era suficientemente sincero para estar en el ministerio y ser un animador, pero sentí que hacer eso era más por mí que por Ron. Creo que Dios estaba observando para ver si yo obedecía.

Tomé el teléfono y lo llamé. Se sorprendió al escucharme. Antes de que pudiera decir algo que me enojara otra vez, decidí tomar el control de la conversación. "Ron, aún me debes mucho dinero y no fuiste honesto conmigo, pero te perdono por todo lo que me dijiste que no era cierto". Después procedí a animarlo con mis palabras y con la Palabra de Dios de todas las formas posibles, e incluso oré por él.

Al perdonar a Ron, descubrí que el perdón es el antídoto para el veneno de la venganza. El perdón comienza cuando tu ofensa se convierte en una oración.

No puedo decir que me sentí genial haciendo eso. Sin embargo, sí sentí que era lo correcto. El perdón tiene ese poder. Hace que te sientas más ligero. Dejé de pensar en Ron. Sinceramente, dejó de preocuparme lo que me había hecho. Al final, cerré ese libro. Ese capítulo se había terminado.

El perdón significa escoger ser libre para enfocarnos en lo que Dios tiene por delante para nosotros. Brigitte Nicole dice: "Una de las decisiones más valientes que tomarás nunca es soltar finalmente lo que está dañando tu corazón y tu alma".

El perdón es más poderoso de lo que creemos. Nos hace vivir en el presente aunque el pasado duela. Un autor anónimo dijo una vez: "No sabía cuán fuerte era hasta que tuve que perdonar a alguien que no estaba arrepentido y aceptar una disculpa que nunca recibí".

A veces, el primer paso para perdonar es entender que la otra persona es completamente idiota, y quizá que tú también lo fuiste. Las personas comenten errores, así que no dejes que un error arruine una buena relación. Cuando alguien hace algo mal, no olvides todo lo que ha hecho bien.

El Dr. Steve Maraboli aconseja: "La verdad es que, a menos que lo sueltes, a menos que te perdones a ti mismo, a menos que perdones la situación, a menos que te des cuenta de que la situación se ha terminado, no podrás avanzar". Mantén tu rostro hacia delante caminando en perdón. Deja de mirar constantemente tus heridas. Vive a la luz del perdón.

Efesios 4:32 dice: "Más bien, sean bondadosos y compasivos unos con otros, y perdónense mutuamente, así como Dios los perdonó a ustedes en Cristo". Y Mateo 6:14 nos dice: "Porque, si perdonan a otros sus ofensas, también los perdonará a ustedes su Padre celestial". Yo necesito el perdón de Dios. ¿Y tú?

Las situaciones pueden cambiar de la noche a la mañana; por lo tanto, si tienes la oportunidad de perdonar, hazlo. No sabes si volverás a tener o no esa oportunidad. Perdona a todos, tú incluido, y vete a dormir en la noche con un corazón limpio. Cuando perdonas, le entregas a Dios la persona y la situación y dejas que Él actúe.

En su libro *El poder de Dios para transformar su vida*, el pastor Rick Warren escribe: "Para empezar a amar a las personas hoy, debemos cerrar la puerta al pasado. Y eso no puede suceder si no perdonamos. Perdone a los que le hayan herido, por su propio bien, y no porque se lo merezcan".[1]

Perdona a otros tan a menudo y tanto como a ti te gustaría que Dios te perdonara.

27

No te quedes encajonado

Al principio de mi carrera, era consultor para una iglesia nueva y su novata escuela cristiana. Como suele ocurrir con las escuelas cristianas privadas, tenían un código de honor y vestimenta que debían firmar y cumplir tanto los estudiantes como los empleados. Enseguida supe que todo el código giraba en torno a la manera de mirar, vestir, hablar y creer del pastor. Imagínate a una persona de más de cuarenta años como el estándar ideal para niños de edades comprendidas entre cinco y dieciocho años.

No tardé mucho en saber que, cuanto más te parecías a ese líder, más te lo celebraban. Cuanto menos te parecías a él, más te criticaban. Las personas allí usaban las frases del pastor en lugar de las suyas a la hora de expresarse.

Por supuesto, a los que no encajan en un molde así siempre se les etiqueta de rebeldes o desobedientes. Jesús se enfoca en el *porqué*, pero los controladores siempre se enfocan en el *qué*. Algunas personas solo te querrán si encajas en su molde. ¡Así que no tengas miedo de enviar ese molde a Tombuctú!

Cuando trabajas con personas que han descubierto que lo que creen es el modelo cristiano perfecto, enseguida descubrirás que nunca saben qué hacer con personas que no encajan en ese molde. Además, si no encajan, debe pasarles algo.

Mantente a distancia de las personas que nunca admitirán que cometieron un error y que siempre intentan hacerte sentir que *tú* hiciste algo mal. Nunca dejes que nadie te haga sentir que tienes menos valor. Ellos tienen el problema, no tú.

No existe otro modelo cristiano apropiado que no sea el de Jesús. Romanos 12:2 (NTV) dice: "No imiten las conductas ni las costumbres de este mundo, más bien dejen que Dios los transforme en personas nuevas al cambiarles la manera de pensar. Entonces aprenderán a conocer la voluntad de Dios para ustedes, la cual es buena, agradable y perfecta". No somos llamados a ser como otros cristianos; somos llamados a ser como Cristo.

Dios crea individuos completamente únicos, mientras que muchos líderes inventan un modelo único en el que todos deben encajar. Y, por lo general, se parece, actúa y se comporta como ellos. Es de risa.

Puede que a las personas no les gustes por ser tú mismo, pero en lo más profundo de su ser desearían tener el valor de hacer lo mismo. La recompensa por ser como todos los demás es que caerás bien a todos, salvo a ti mismo.

"Sé osado, sé distinto, sé poco práctico, sé todo aquello que afirme integridad de propósito y visión creativa contra los que juegan a lo seguro, las criaturas de lo común y corriente, los esclavos de lo ordinario", declaró Sir Cecil Beaton.

¡A Dios le encanta la variedad! Crecen más de veinte mil especies conocidas de helechos en todo el mundo, y son universalmente reconocidas como una de las plantas más duras. No tiene sentido para mí que Dios hiciera tantos tipos distintos de helechos, pero eso nos enseña lo mucho que a Dios le gusta la diversidad. Piensa en esto: *Nunca me disculparé por ser yo. Los demás deberían disculparse por pedirme ser cualquier otra cosa.*

En un entorno controlador se celebra la conformidad. Como resultado, puedes caer en la trampa de juzgar cómo estás espiritualmente por lo mucho que actúas, suenas y te pareces al líder.

Imagínate si todos en el cuerpo de Cristo parecieran un pie, o un oído, o un brazo. No tienes que saber todas las respuestas, y no tienes que encontrar a nadie ni seguir a nadie que diga que las tiene.

La gente dice: "Sé tú mismo", pero cuando lo eres, te dicen: "Así no". Por lo tanto, no malgastes tu tiempo intentando ser como otra persona. A todos les gusta la conformidad, salvo a la persona que debe conformarse.

A algunas personas les gustarás solo si encajas en su molde. No tengas miedo a decepcionarles. La vida no se trata de encontrarte a ti mismo; se trata de descubrir a la persona que Dios creó en ti.

MIRAR ARRIBA

28

Señor Presidente, ¿qué dijo?

Cuando tenía diecisiete años tuve el honor de ser elegido como parte de un grupo llamado the Youth Report to the President (Los jóvenes reportan al Presidente). Era el año 1973, y seleccionaron a doce jóvenes de todos los Estados Unidos para estar en nuestro grupo.

Por supuesto, recuerdo con mucho detalle visitar la Casa Blanca, especialmente el tiempo que estuvimos con el Presidente Nixon en el Despacho Oval. El Despacho Oval es, bueno, oval. En el centro de la alfombra de la sala está el emblema presidencial, con el escritorio del presidente de espaldas al Jardín de las Rosas, y es bastante impresionante, como te puedes imaginar.

Yo estuve justo al lado de Nixon durante toda la reunión. Recuerdo que era unos centímetros más alto que yo, y que pensé: *Este es el hombre más poderoso del mundo.* Pero me avergüenzo de decir que también pensé: *Tiene la nariz más grande que he visto en mi vida, justo como la dibujan en las viñetas.* Pero, por supuesto, solo un adolescente pensaría eso.

Tuvimos que cumplir muchas reglas durante nuestra estancia allí. Por ejemplo, no podíamos hacer ninguna pregunta al presidente, aunque él sí podía hacernos preguntas a nosotros. Y también estaban allí presentes muchas personas de los servicios secretos y de los medios de comunicación para cubrir nuestra reunión, y ambos grupos parecían estar muy atentos a cada uno de nuestros movimientos. Antes de reunirnos con el presidente, nos llevaron a lugares donde el público en general pocas veces ha ido, como la planta donde vivió la primera familia y la sala donde Franklin Roosevelt daba sus charlas cerca de la chimenea.

Henry Kissinger pasó por allí, al igual que John Ehrlichman y H. R. Haldeman, ambos de notoriedad en el Watergate que vino después. Fue una experiencia emocionante, pero sinceramente era más que nada una oportunidad para que el presidente se tomara la foto. ¿Recuerdas "la brecha generacional" de los setenta o has oído de ella? Imagino que esta reunión tuvo la intención de hacer ver que el presidente estaba cerrando esa brecha.

Unos nueve meses antes, mi padre me había llevado a ver a Richard Nixon cuando estaba de campaña en la ciudad donde yo crecí, Fort Wayne, Indiana. Papá observó al secretario de prensa del presidente, Ron Ziegler, entre la multitud en este evento de campaña. Se acercó al Sr. Ziegler para saludarlo y presentarme. El Sr. Ziegler nos preguntó si nos gustaría tener un regalo del presidente, y por supuesto que dijimos que sí. Enseguida nos dio a ambos un broche de corbata muy bonito con el emblema presidencial y la firma del presidente en él.

Así que, mientras estaba en el Despacho Oval reunido con el presidente Nixon, llevaba puesto el broche de la corbata. Al final de nuestra reunión, Nixon nos preguntó si queríamos un regalo. Por supuesto que todos dijimos que sí. Cuando se acercó a mí, extendió su mano para darme el mismo broche que yo llevaba puesto, y le dije que ya tenía uno.

Él se rio y me preguntó cómo lo conseguí, así que le conté la historia de Ron Ziegler. Él de inmediato pidió a su ayudante que me diera otro regalo: un bonito juego de gemelos, también con el emblema presidencial. Aún conservo tanto el broche como los gemelos.

Curiosamente, al día siguiente apareció en la portada del *Washington Star* (ahora el *Washington Times*) una gran fotografía de Richard Nixon y yo riéndonos. Tengo colgada esa foto en la pared de mi oficina detrás de mí mientras escribo estas palabras.

Ocurrió algo más durante nuestro tiempo con el presidente. Como resultado de reunirme con él ese día, estoy en las grabaciones del Despacho Oval reveladas como resultado de la investigación del Watergate. Así es como lo descubrí.

Aproximadamente un año después de haber estado en el Despacho Oval, apareció un artículo en la revista *Newsweek* que describía a personas grabadas mientras estuvieron con Richard Nixon. Nuestro grupo, el Youth Report to the President, se mencionó como uno de esos grupos. Y así es como terminé en las cintas del Watergate. Menuda sorpresa.

Cuando me encuentro en un lugar poco común, estoy atento a lo que Dios pudiera estar tramando. Es una sospecha santa de que Él está obrando en mi vida y en las vidas de los que me rodean.

Dios es así. Él nos pone en algún lugar, y después hace más de lo que podemos pedir o pensar.

Dios quiere que lo busquemos de todo corazón. La Biblia nos anima cuando nos dice que Dios dijo mediante su profeta Jeremías: "Cuando ustedes me busquen, me hallarán, si me buscan de todo corazón" (Jeremías 29:13 RVC).

Siempre es el tiempo correcto de buscar a Dios. No temas el futuro; Dios ya está allí, trabajando a favor tuyo. Dios está de tu lado.

Entender que hay más te abre a *todo* lo que Dios tiene para ti. Por lo tanto, deberíamos preguntarle: "Dios, ¿por qué estoy aquí?" de una manera positiva y expectante. La respuesta es que estás donde estás por una razón, aunque ni siquiera conozcas la razón.

Así que, ya sea que te encuentres en un despacho rectangular en un rincón de Wall Street, en un refugio cuadrado en Mongolia, en un tipi triangular en Alaska, en el Despacho Oval de la Casa Blanca, o en cualquier otro lugar, debes saber que siempre hay más de lo que parece. Lo que ves es solo parte de la gran historia que Dios está escribiendo.

29

Encuentra la llave que abre la puerta de tu destino

Un amigo estaba feliz con un proyecto con el que le había ayudado, pero no me podía pagar la totalidad del mismo. Me dijo: "Siento mucho que no te puedo pagar todo, pero tengo dos guitarras que te puedo regalar en su lugar". Por desgracia, una guitarra no estaba en muy buenas condiciones, pero la otra era una guitarra Alvarez en muy buen estado.

Pensando que era mejor que nada, acepté las guitarras y las llevé a casa, donde estuvieron en nuestra sala de juegos durante meses. Varias veces intenté tocar la Alvarez, pero al hacerlo me dolían los dedos, y se me quitó el interés de aprender.

Pasaron los años, y mi hija Michelle intentó tocar la guitarra en varias ocasiones, pero le gustaba más cantar, algo para lo que tiene un don. Entonces un día, de la nada, mi hijo Mike se interesó por tocar la guitarra. Era un joven adolescente y estaba creciendo muy rápido. Y, como todos los jóvenes, estaba buscando cosas con las que conectar.

Pude ver que a Mike le estaba sucediendo algo especial. Esa guitarra, de forma inesperada y sin querer, había destapado algo en su interior. No tardamos mucho en descubrir que mi hijo tenía un don para la música, tanto para componer como para tocar. Casi todos los días podía escuchar a Mike arriba durante horas cantando y tocando canciones que él mismo había escrito.

Como padre, siempre es maravilloso ver a tus hijos descubrir algo que hace que sus corazones canten. Dios estaba haciendo algo en la vida de Mike, y a la vez preparando el camino para un futuro con el que ninguno de nosotros habíamos soñado. El catalizador de todo esto fue esa guitarra. Mike se inscribió en el programa de música de su escuela, un programa muy respetado dirigido por un hombre llamado Larry Downey, y estaba creciendo en el Señor con su música.

Mientras tanto, yo seguía viajando para hablar en iglesias y en eventos. Se produjo un evento memorable en Daytona Beach, y yo era el orador principal. El grupo de música que habían traído los organizadores era una pareja que pastoreaba una iglesia en Austin, Texas, y también había fundado y dirigía un conservatorio. Al final del evento, me pidieron si podía ser el orador para el día de la graduación en su conservatorio. Acepté, y esa misma primavera di allí el discurso de graduación.

Después de la ceremonia de graduación, mientras cenábamos, les dije al pastor y su esposa lo mucho que le gustaba a mi hijo Mike cantar y tocar la guitarra, y que estaba pensando en ir a un conservatorio en Australia. Ellos escucharon atentamente, y después dijeron que les encantaría que asistiera a su conservatorio en Austin, donde yo acababa de dar el discurso de graduación.

Mike y yo hablamos sobre ambos lugares. Visitó el conservatorio en Austin, y al orar y pensar en ello, supo que debía ir allí.

El programa era completo, y Mike creció en sus habilidades musicales, pero no estoy seguro de que fuera la razón principal por la que Dios lo guio hasta allí. Durante su estancia empezó a salir con una cantante llamada Brittany, y enseguida se hicieron novios. Se casaron, y ahora tienen unas gemelas preciosas, nuestras nietas Emma y Olivia.

Esta "historia de Dios" no termina aquí. Mike es actualmente el líder de alabanza y Brittany es parte del grupo de alabanza en una iglesia en Tulsa dirigida por el director de artes y adoración Larry Downey, el maestro de música de Mike en la secundaria.

Todo esto ocurrió por una guitarra, algo que el dador y el receptor nunca esperaron que sucediera.

Me gusta mirar atrás en la vida no con un espíritu de lamento, sino de asombro por lo que Dios estaba haciendo cuando no teníamos ni idea. Ahora veo que Dios tenía el futuro de Mike y Brittany en mente cuando mi amigo me pagó con una guitarra.

Dios orquesta cosas inesperadas para todos, tú incluido. Él está haciendo algo por tu futuro que aún no puedes saber. Él está obrando hoy en ti y en los días que tienes por delante. Él está de tu lado, no contra ti. Por lo tanto, recorre el camino que Él ha puesto delante de ti donde estás ahora, con lo que tienes.

Creo que Dios traerá "guitarras" a tu vida como catalizadores para ayudarte a ir donde Él quiere que vayas y para que seas lo que quiere que seas. Así que sigue caminando, y mantente abierto a bendiciones inesperadas, cambios de planes inesperados, y encuentros inesperados con personas. Algunas personas no alterarán tu destino, y está bien. Dios incluso pondrá personas totalmente desconocidas y oportunidades sorprendentes en tu camino para llevarte donde tengas que estar.

El que te dirige sabe dónde y por qué te está dirigiendo, y te dará las llaves para abrir tu futuro. Úsalas y sé tú mismo. Cuando te das el lujo de ser tú, creas oportunidades. La llave correcta abrirá la puerta correcta. La "guitarra" que hay para ti hará sonar una música hermosa en tu vida y en las vidas de otros.

Mientras escribía esta parte, sentí sinceramente que debía animarte a hacer esta sencilla oración: "Señor, ¿cuál es mi 'guitarra'? Por favor, muéstramela. Si lo he intentado y no he sabido usarla, muéstrame cómo volver a comenzar. Ayúdame a comenzar de nuevo. Sostén mi mano y mi corazón mientras doy el siguiente pasito. Gracias, Señor, por tu plan para mí. Que sea una bendición para otros. En el nombre de Jesús te lo pido, amén".

30

Entrenamiento de fuerza

Mi esposa y yo decidimos tomar un café en el restaurante local IHOP. Tras sentarnos en una mesa cerca del frente, enseguida nos saludó una camarera amigable, feliz y sonriente. No tardamos mucho en darnos cuenta de que nuestra alegre camarera tan solo tenía un diente, arriba y justo en medio. Pensé: *Qué sorprendente es que una mujer con un solo diente esté trabajando en algo que requiere contacto cercano con las personas, y a la vez esté sonriendo y haciendo un buen trabajo.*

Después, mis ojos se fijaron en una chapa que llevaba que decía: "Una sonrisa es un regalo que puedes dar cada día ". ¡Qué escena tan profunda estaba viviendo! Tanto, que tuve que elogiarle por su chapa y decirle sinceramente que tenía una bonita sonrisa. Me preguntaba si alguien le habría dicho eso últimamente, o alguna vez en su vida.

Es bueno buscar los puntos positivos de la gente y despúes intentar hacer algo para ayudarles.

Cuando nuestra camarera regresó para servirnos más café, nos dijo que su padre había hecho la caligrafía de la chapa. Dijo: "Le faltaban todos los dedos de la mano debido a un accidente que tuvo trabajando, y *entonces* decidió hacer caligrafía". También nos dijo que su caligrafía era mejor ahora que antes del accidente.

De inmediato pensé: *Imagino que solo una mujer a la que crio un papá sin dedos que hace caligrafía puede escoger sonreír aunque solo tenga un diente.*

Thomas Edison tenía miedo a la oscuridad, pero tomó lo que tenía y le sacó el mayor partido. Su trabajo con la electricidad y el invento de la primera bombilla actuó sobre sus miedos directamente. Nosotros también deberíamos hacer lo mismo.

"La fortaleza no viene de lo que puedes hacer. Viene de superar las cosas que pensabas que no podías superar", dice el escritor Rikki Rogers.

No dejes que la debilidad que hay en ti afecte a la grandeza que llevas dentro.

Quizá tengas más de un diente (espero que sí), pero estoy seguro de que tienes otras "deficiencias" que son parte de la manera perfectamente imperfecta en que Dios te creó.

En 2 Corintios 12:9-10 el apóstol Pablo nos dice: "Pero el Señor me dijo: «Mi bondad es todo lo que necesitas, porque cuando eres débil, mi poder se hace más fuerte en ti». Por eso me alegra presumir de mi debilidad, así el poder de Cristo vivirá en mí. También me alegro de las debilidades, insultos, penas y persecuciones que sufro por Cristo, porque cuando me siento débil, es cuando en realidad soy fuerte" (PDT).

Entrégale a Dios tus debilidades, y Él te dará su fuerza. El Señor hace sus mejores trabajos con nuestras debilidades. A veces somos probados no para exponer nuestras debilidades sino para descubrir nuestras fortalezas.

No subestimes nunca tu fortaleza. Nunca sobrevalores tu debilidad. Y no dejes que ninguna de ellas te retenga. En su lugar, transfórmalas: de cargas a bienes. Las personas de éxito toman lo que tiene, al margen de lo que sea, están agradecidas con lo que tienen, y después van y le sacan el máximo provecho posible.

31

Cuando Dios te estira, nunca regresas a tu forma original

Comencé a ministrar en otras iglesias, y esta era mi tercera oportunidad oficial: iba a compartir en la iglesia de un pastor joven y brillante en Tampa, Florida. Yo era muy inocente y no tenía experiencia, pero estaba emocionado y dispuesto a hacer cualquier cosa por Dios. Tenía toda la vida por delante, y corría a toda velocidad.

Hablé delante de aproximadamente cien personas ese domingo en la noche, compartiendo desde el corazón lo mejor que pude. Cuando estaba terminando mi mensaje, sentí que debía ofrecer la oportunidad de que las personas que así lo desearan pudieran pasar al frente para orar por ellas y con ellas, cualquiera que fuese su necesidad.

Puse las manos sobre las diez personas que se acercaron, orando por ellas una por una. La última persona, un joven, me pidió que orara por su lengua. Sin dudarlo, le pedí que la sacara, y cuando lo hizo yo la agarré con mi mano derecha y comencé a orar por ella con sinceridad. Seguramente el muchacho pensó que yo estaba loco, pero aun así lo hice.

Después de la reunión, estaba fuera hablando con varios miembros de la iglesia cuando el joven que tenía el "problema en la lengua" se acercó a mí. Habló con claridad y me dijo: "Gracias por orar por mí y por mi lengua. Tenía un problema de tartamudeo, pero Dios me ha sanado esta noche".

¡Vaya! ¡Dios es bueno! Nunca olvidaré lo que Él hizo por ese joven, pero me pregunto si ahora que tengo "más experiencia" y soy "más sabio" hubiera agarrado la lengua de alguien. Espero que sí, si eso fuera necesario para que se sanara.

Ahora bien, raro no es sinónimo de espiritual. Habiendo dicho eso, es posible que Dios te pida que hagas algo que esté muy fuera de tu zona de confort. De hecho, te prometo que lo hará. Jesús utilizó en una ocasión su saliva para sanar a alguien; Dios podría pedirte que te ensucies (o te mojes, en mi caso), las manos para hacer su voluntad.

"El camino más aterrador suele ser el que te lleva a los lugares más interesantes", dice la autora Lori Deschene. Así que no pasa nada por estar "espiritualmente incómodo", porque cuando es así significa que estás a punto de hacer algo que requiere mucha valentía. También he oído decir: "No te quedes en la barca cuando Dios te esté pidiendo que camines sobre el agua".

Durante toda mi vida he intentado hacer caso a este dicho: "Obedece al instante, actuando sin demora". Cuanto más tiempo pienso en algo, le doy vueltas o incluso oro por ello, menos probable es que lo haga; y cuanto más tiempo tarde en hacer lo que Dios me ha dicho que haga, más inciertas se volverán sus instrucciones.

La ensayista Mary Schmich nos retó diciendo: "Haz todos los días algo que te asuste", y muchos otros nos han aconsejado de modo similar. Sal fuera de tu zona de confort, porque no estás solo. Si Dios te ha llevado hasta ahí, no te dejará colgado.

¡Puede que haya una lengua esperándote!

32

Mira quién se cruza en tu camino

Esa tarde estaba nevando en Fort Wayne, Indiana, cuando mi papá se me acercó y me dijo: "Hay algo de lo que quiero que seas parte". Como adolescente típico, en ese momento dejó de interesarme.

Continuó diciendo: "Se reúnen todos los martes en la noche en el centro, en la YMCA".

"¿Quién? ¿De qué tratan estas reuniones?", pregunté.

"El evento se llama *Junior Optimist* y lo dirige un hombre que conozco que se llama Bob Leiman. Sigue el formato de lo que los adultos llaman *Toastmasters*, y su propósito es enseñar a la gente joven a dar discursos".

¡Por supuesto que aquello no me interesaba! Por lo tanto, la reunión a la que él me pedía que asistiera (bueno, más bien me forzaba) me interesaba todavía menos.

El siguiente martes en la noche, manejar hacia el centro de la ciudad con mi papá era lo último que yo quería hacer. Cuando entramos al viejo edificio de la YMCA, la verdad es que no sabía qué esperar.

Cuando llegamos a la sala de reuniones, ¡me emocioné mucho porque estaba vacía! Pensé: *¡Esta estúpida idea no se va a llevar a cabo!*

Pero al día siguiente nos enteramos de que habíamos ido el día equivocado; el club *Junior Optimist* se reunía los jueves, no los martes. Por lo tanto, al día siguiente fuimos para encontrarnos con el grupo que no me importaba.

Esta vez, cuando entré a la sala, estaba llena de gente joven y al frente había un hombre robusto, que supuse que era el tal Bob Leiman que había organizado todo aquello (el responsable de mi sufrimiento). Mi papá me lo presentó y dijo que me recogería en una hora.

Nunca olvidaré estar de pie en esa sala preguntándome qué es lo que iba a suceder a continuación. Yo estaba en la secundaria y era deportista, y como tal no me interesaba otra cosa que no fueran los deportes. Lo que no sabía es que esta oportunidad inesperada cambiaría mi vida mucho más que cualquier equipo deportivo. Acababa de conocer al entrenador que más influenciaría mi vida.

Bob Leiman era director de una escuela de secundaria de la zona y también era orador profesional. Los jóvenes le interesaban de manera genuina, y tenía especial interés en enseñarles a ponerse delante de personas y hablar. Por eso había formado este club llamado *Junior Optimist*. El señor Leiman y yo conectamos desde el primer momento, y él se interesó personalmente en mí.

Pronto, la reunión semanal que al principio no me interesaba se convirtió en una parte importante de mi vida. A medida que fui aprendiendo a hablar delante de personas, me di cuenta de que me salía de modo natural. Además, como tenía un orador profesional como mentor, aprendí cosas que el típico joven de catorce o quince años no sabe.

El señor Leiman y la organización *Junior Optimist* me abrieron puertas para participar en concursos de oratoria. La primera vez que me presenté a uno, gané el concurso de mi ciudad. Después gané el concurso de mi zona, y finalmente terminé siendo segundo en el estado de Indiana. Ahora sí que estaba enganchado.

Este éxito, con el tiempo, me abrió otras oportunidades (di más de ochenta discursos mientras estaba en la secundaria), y hubo una que resaltó particularmente. Era un concurso de oratoria a nivel nacional patrocinado por *Reader's Digest* y los Boy Scouts de América. Gané la competencia por ciudades, por zonas, por estados y por regiones, y estaba entre uno de los doce ganadores regionales. Nuestra recompensa era un viaje a Nueva York. Competí allí y terminé entre los tres primeros; nadie nos dijo quién había sido primero, segundo o tercero. Lo único que sabíamos era que los tres teníamos la oportunidad de viajar a Washington, D. C. para competir en la final nacional.

Terminé siendo el segundo campeón del país y gané una beca lo suficientemente importante como para pagarme el primer año de universidad. Desde ese concurso nacional, he tenido el privilegio de hablar ante audiencias desde cincuenta a quince mil personas, por todo el mundo.

Y todo porque mi papá me forzó a hacer algo en lo que yo no tenía ningún interés.

Mi padre quería para mí algo más grande de lo que yo podía soñar, igual que nuestro Padre celestial tiene preparadas, para cada uno de nosotros, cosas mucho más grandes de lo que pudiéramos pensar o soñar. Efesios 3:20 dice: "Y a Aquel que es poderoso para hacer que todas las cosas excedan a lo que pedimos o entendemos, según el poder que actúa en nosotros" (rvc).

Mi papá y Bob Leiman están ahora en el cielo. Estoy muy agradecido por el hecho de que mi papá viera esa oportunidad y fuera insistente, y también por la guía y la visión del señor Leiman para bendecir a otros. Indudablemente, Dios bendice a las personas por medio de otras personas.

Mi conexión con el señor Leiman fue lo que yo llamo una "conexión divina". Creo con todo mi corazón que Dios tiene este tipo de relaciones sobrenaturales preparadas para cada creyente. Pueden ser para algo específico en un momento concreto o pueden durar toda la vida, pero la realidad es que esas personas se cruzan en nuestro camino para tener un impacto sobre nuestro destino y lo que Dios nos llama a hacer. La Biblia está llena de estas conexiones: Elías y Eliseo, Pablo y Timoteo, Moisés y Josué, David y Jonatán, Rut y Noemí.

Estas conexiones sobrenaturales siempre tienen dos características. En primer lugar, el amor el uno por el otro: "En todo tiempo ama el amigo; para ayudar en la adversidad nació el hermano" (Proverbios 17:17). Y, en segundo lugar, otras personas son bendecidas gracias a esa conexión: "Como el hierro se afila con hierro, así un amigo se afila con su amigo" (Proverbios 27:17 NTV).

Al mirar atrás, es aleccionador ver cómo Dios alineó todo aquello para mí. Él estaba dirigiendo mis pasos a través de mi papá y de Bob Leiman.

Dios te pondrá donde Él te quiere, aunque nadie piense que deberías estar ahí. Cuando te sometes a Él, te hace esta promesa: "El Señor dirige los pasos de los justos; se deleita en cada detalle de su vida. Aunque tropiecen, nunca caerán, porque el Señor los sostiene de la mano" (Salmos 37:23-24 NTV).

Cuando Dios se prepara para bendecir tu vida, a menudo te envía a una persona: un amigo que te anima, un confidente fiel, o tal vez una "conexión divina".

33

La ayuda está en camino

Cuando estaba en uno de los momentos más difíciles de mi vida, asistí a un servicio que nunca olvidaré. La alabanza era tan sincera que realmente sentí la presencia de Dios mientras le cantaba a Él. El mensaje era "perfecto" para el momento de mi vida que estaba viviendo, y lo que estaba a punto de ocurrir lo cambiaría todo.

Al final del servicio, el ministro invitó a que las personas pudieran pasar al frente de la iglesia para orar. Yo me levanté de mi asiento y me acerqué; necesitaba la guía de Dios, que Él abriera camino, y muchas cosas más. Estaba ejemplificando Salmos 61:2, que dice: "¡... mi corazón desfallece! Llévame a una roca más alta que yo" (RVC).

Cuando me puse de rodillas y clamé a Dios, no sabía exactamente cómo orar; aunque tenía muchas cosas que decir. Pero lo único que pudo salir de mi boca fue: "Ayuda". Una sola palabra.

Al empezar a decir "ayuda" varias veces, mi voz se volvió cada vez más fuerte y la profundidad de la palabra se hizo más y más real. Podía sentir literalmente que cada necesidad, cada confesión, y cada problema en el que necesitaba la gracia y la misericordia de Dios se resumían en esa única expresión: ¡AYUDA!

No hace falta que hables por mucho tiempo con Dios sobre algo para que Él sepa que es importante para ti.

Mientras hacía esa oración sencilla de una sola palabra, sentí que una paz me cubría y una carga pesada me era quitada en ese mismo momento. Allí mismo. Podía sentirlo; algo cambió esa noche. Desde ese día en adelante, fui otra persona. ¡Gloria a Dios!

Está bien reconocer que necesitamos ayuda. Pedir ayuda esa noche fue una de las decisiones más importantes que he tomado, y todavía sigo viendo el impacto de la ayuda que Dios me brindó en ese momento.

Tal vez la oración que tú tienes que hacer es solamente: "Dios, ¡ayúdame! Tú conoces mis necesidades, debilidades y pensamientos incluso antes de que los exprese". Cuando pides ayuda no es porque seas débil; es porque quieres ser fuerte. Pedir ayuda no es rendirse, sino una señal de que sigues decidido a salir adelante.

Lo más sabio que puedes hacer en medio de cualquier situación es arrodillarte y pedirle ayuda a Dios; cualquier cosa que valga tu preocupación, indudablemente también merece tu oración. La oración desbloquea las respuestas y la dirección de Dios, y no pasa nada por decir: "No tengo las respuestas, Señor, pero por favor enséñame, ayúdame, guíame y dirígeme". Dios está listo para ayudarte incluso antes de que lo pidas. ¿Qué pasaría si es cierto que una de las formas en que puedes activar la fuerza de Dios en tu vida es decir: "No tengo las respuestas, Señor. Por favor, muéstramelas"?

Mi oración favorita sigue teniendo una sola palabra: *ayuda*. "¡Ayuda, ayuda, ayuda!".

En su libro *Gracia para todo momento*, Max Lucado escribe: "¿Crees que Dios está cerca? Él quiere que lo creas, y quiere que sepas que está presente en medio de tu mundo. Dondequiera que estés mientras lees estas palabras, debes saber que Él está presente".[1]

Necesitamos un Salvador y también un Señor. ¿Por qué no le pides ahora mismo a Dios que te ayude? Indudablemente, quiere hacerlo.

34

Un consejo más valioso que el de un multimillonario

Tuve el privilegio de trabajar de modo personal con tres multimillonarios en sus libros. Dos de ellos crearon su imperio desde cero, y el otro principalmente heredó su dinero.

Cuando conocí a mi primer multimillonario, me preguntaba si sería diferente al resto de las personas. ¿Cómo puede un hombre pasar de no tener casi nada a tener un valor de más de cuatro mil millones en cuestión de años y ser portada de la revista *Inc.*, para después perderlo todo y casi ir a la cárcel por la falta de honestidad de un socio? Yo sabía que nuestra primera conversación sería memorable.

Él me contactó porque había oído hablar de mí, de mis libros, de mi oratoria y de la ayuda que ofrezco a autores. Más tarde descubrí que estaba pensando en escribir un libro y dar charlas para líderes de negocios, y quería hablar con alguien que hubiera hecho las dos cosas con éxito.

Me envió un correo electrónico, mencionando a un amigo que tenemos en común y pidiéndome que nos viéramos en una cafetería de la ciudad. Más tarde me enteré de que así es como le gustaba conocer a las personas; observando cómo manejaban sus asuntos sociales y cómo trataban a los demás a su alrededor. Llegué unos minutos antes y vi que él ya estaba esperando, sentado en una mesa. Esto es algo que él siempre hacía (llegar antes que la persona con la que había quedado) y siempre era el primero en terminar la reunión. Yo tomé nota de esos rasgos.

Después de una breve conversación de introducción, me miró a los ojos y me dijo: "Sé que eres una persona religiosa; yo no. Mi libro tampoco lo es, pero aun así valoro tu punto de vista". Así es como comenzó una relación de casi diez años.

Mario, el multimillonario, y yo nos vimos muchas más veces: en su oficina, en restaurantes y, por supuesto, en la cafetería. Hablábamos de negocios, libros y oportunidades; todas las veces que quedábamos, él pensaba y planificaba más allá que yo, incluso financieramente, aunque me gusta considerar que soy de los que piensa que "todo es posible". Sé que los dos éramos personas normales, pero Mario era diferente. Él veía la vida de una forma completamente diferente; a otro nivel. Él hacía que me estirara.

Siéntate a la mesa con ganadores; las conversaciones son muy distintas.

Déjame que te cuente una "historia de Mario" que demuestra eso. Cuando comenzó a lanzar sus iniciativas de oratoria, grabó unas enseñanzas en audio que venían junto con un librillo en el que revelaba algunos de los secretos de su éxito. Por supuesto que le puso un precio unas diez veces más elevado de lo que yo hubiera sugerido. Su primera oportunidad para ponerse delante de una audiencia y hablar fue en un evento excelente que organizaba un orador de seminarios bastante conocido. Los asistentes pagaban un precio bastante elevado por la entrada, y aunque ya eran exitosos, estaban hambrientos, con ganas de aprender, y eran conocidos por comprar productos de enseñanza. Habló allí dos fines de semana seguidos.

Mario y yo habíamos conversado sobre promover sus enseñanzas desde el escenario, y tenía muchas ganas de hablar conmigo de cómo había ido cuando regresó. Así que fuimos a desayunar, y le pregunté qué tal le fue. Me dijo: "Creo que fue bastante bien, pero no estoy seguro. El primer fin de semana vendí enseñanzas por un valor de 110 000 dólares y el segundo fin de semana 115 000 dólares. Pero John, no tengo ni idea de si eso está bien o no. ¿Tú qué piensas?". Lo decía totalmente en serio.

Yo no podía creerlo; le pedí que lo repitiera. Cuando lo hizo impasiblemente, me di cuenta de que su perspectiva era muy diferente a la mía, a pesar de ser yo el "experto". Le dije que esos resultados eran espectaculares, e inmediatamente le pregunté cómo lo hizo. Siempre se puede aprender de los demás, y yo no quería perder esa oportunidad.

Cuando las personas han estado en lugares con los que tú solo puedes soñar, haz lo que puedas por aprender de ellos. Esas personas ven cosas que otras pocas pueden ver, y pueden enseñarte lecciones que no aprenderás de ninguna otra forma.

Ahora, permíteme que te cuente mi historia favorita de Mario; la más impresionante.

Mario siguió hablando en eventos y seguíamos viéndonos, pero un día me envió un mensaje de voz y un correo electrónico bastante inusuales. Los dos decían: "¡Tengo que verte lo más pronto posible!". Mario nunca decía que algo era urgente, así que sus mensajes me preocuparon; sin embargo, esperaba que todo estuviera bien. Finalmente pude contactar con él y quedamos para vernos al día siguiente para desayunar.

Yo llegué temprano. Mario, por supuesto, ya estaba allí, pero había algo diferente. Al acercarme a él, me di cuenta de que se *veía* diferente; casi resplandecía. Y la sonrisa que había en su rostro era inolvidable.

"No podía esperar para contarte lo que ocurrió el fin de semana, John", me dijo. "Hablé, como siempre, y fue bien. Pero esta vez los dos anfitriones me preguntaron si podía quedarme para compartir brevemente en una sesión adicional que se celebraría el domingo en la mañana. Acepté, ya que nunca digo no a una oportunidad de hablar. Por lo tanto, me presenté a la sesión adicional del domingo y los dos anfitriones me pidieron leer varios pasajes de las Escrituras ante la audiencia. Ben, uno de ellos, me dio su Biblia y yo comencé a leer lo que me pidieron que leyera, y eso fue todo; eso era lo que querían que compartiera".

Entonces, Mario me dijo que después de haber terminado de leer los versículos de la Biblia se sentó junto al resto de la audiencia para escuchar a los dos anfitriones, Ben Kinchlow (un expresentador de la CBN) y Charlie "Tremendous" Jones (un increíble orador y autor), compartir acerca del *verdadero* secreto de su éxito: el éxito de haber conocido a Dios y a su hijo Jesús.

Así es como me contó Mario lo que pasó después:

"Me habían hablado sobre religión muchas veces, y yo siempre tenía razones excelentes para no creer y no querer tener nada que ver con ello. Sin embargo, mientras estaba allí sentado escuchando, Ben y Charlie comenzaron a tumbar la resistencia que yo ponía; era como si yo hubiera levantado un muro y ellos lo estuvieran derribando ladrillo a ladrillo. Sentía que me hablaban solo a mí, como si fuera la única persona en la sala.

"Nos pidieron que cerráramos los ojos y repitiéramos una oración con ellos, en voz alta, cuando estaban terminando. En ese punto, yo ya estaba dispuesto a lo que fuera. Repetí la oración con todo mi corazón, aunque me preocupaba estar recitándola demasiado fuerte y ser el único que lo hacía; me preocupaba poder meterme en problemas después. Pero John, cuando hice esa oración, algo ocurrió en mi interior. Me sentía diferente. Tenía que contarte lo ocurrido lo más pronto posible".

Los ojos de Mario se habían llenado de lágrimas al contarme acerca de esa oración, y después me preguntó, con sinceridad en la mirada: "¿Qué significó esa oración? Nunca antes había hecho algo similar y tampoco había escuchado hablar de ello".

Yo le dije: "Mario, hiciste una 'oración de fe'. Dios te escuchó y vio tu corazón. La Biblia dice: 'Si confiesas con tu boca al Señor Jesús y crees en tu corazón que Dios le levantó de los muertos, serás salvo'. Has nacido de nuevo. Si murieras hoy mismo, irías al cielo".

Este multimillonario tan poco común había entregado su vida a Dios. Mario está ahora en el cielo gracias a los esfuerzos de dos hombres y una oración sincera.

Dios se mueve cuando te juntas con las personas correctas en el momento adecuado. El lugar correcto puede marcar la diferencia entre el éxito y el fracaso: impactar la vida de otros o no marcar la diferencia; pasar una eternidad separado de Dios o estar con Él para siempre.

Si te encuentras con la oportunidad de ayudar a alguien como hicieron Ben y Charlie, agradece y hazlo. Puede que Dios te esté utilizando para responder a la oración de alguien.

Acude primero a Dios. Él sabe lo que necesitamos y cuándo lo necesitamos; confía en que Él te pondrá en el lugar correcto en el momento correcto. Puede que lo haga en el último momento, pero Él nunca llega tarde. Ten paciencia. Todo está obrando para tu bien. La ayuda que Dios ha preparado para ti está en camino. Cuando Él diga que es tu momento, nada podrá detenerte.

No necesitas "consejos de multimillonario" para cumplir el plan de Dios para tu vida. Una sola palabra del Señor a través de su Palabra o su Espíritu es mucho más valiosa, o incluso a veces otra persona puede cambiarlo todo. Asegúrate de escuchar.

Si sigues respirando, Dios seguirá hablando. Obedece. Termina tu carrera.

35

La actitud determina el resultado

Tan solo un año y medio después de haber terminado la universidad, yo estaba trabajando en recursos humanos, cuando decidí matricularme en el programa de maestría en administración de empresas de la universidad de la que me había graduado de la carrera. Había completado ya tres días de clase y recibí una llamada inesperada de alguien a quien no conocía. Era un reclutador, o como algunas personas dicen, un "cazador de talento". Me habló acerca de una nueva oportunidad laboral y me dijo que varias personas me habían recomendado como un candidato excelente para el puesto.

Me interesaba saber más, así que le pedí que describiera el trabajo con la mayor cantidad de detalles posible. Me dijo que el puesto era de asistente del presidente de la junta directiva del banco más grande de Oklahoma, y que el departamento de recursos humanos del banco quería entrevistarme para el puesto. Aunque acababa de matricularme en el programa de ADE, eso parecía una oportunidad única que no debía rechazar a la primera.

Me dijo que el trabajo consistía en ejecutar proyectos especiales tanto para el presidente de la junta como el para el presidente del banco, incluyendo preparar a vicepresidentes y otros en puestos más altos para sus presentaciones en las reuniones de la junta directiva. Tendría relación con líderes de negocios estatales y nacionales que eran parte de la junta, y le reportaría al presidente de la junta sobre de la cantidad de negocios que cada miembro traía cada año al banco y cualquier actividad significativa en sus cuentas.

El trabajo también incluía dar discursos en nombre del presidente y del presidente de la junta, formar parte de varias juntas locales en nombre del banco, supervisar el programa ejecutivo de restauración (el banco tenía su propio restaurante para que ejecutivos oficiales pudieran reunirse con clientes), así como supervisar un torneo anual de la Asociación de Profesionales del Tenis (ATP en inglés) del cual el banco era dueño junto con un club de tenis local. La mayoría de los mejores tenistas del mundo jugaban en este torneo, y yo sería el responsable de firmar sus cheques, incluido el de Jimmy Connor cuando ganara. Finalmente, haría cualquier otra cosa que el presidente de la junta o el presidente del banco quisieran. Era una oportunidad entre un millón.

Por supuesto que quería el trabajo; era una oportunidad increíble, especialmente para alguien tan joven como yo. Sin embargo, no fue tan fácil conseguirlo. Durante el mes siguiente tuve siete entrevistas diferentes con siete personas diferentes, y las dos últimas fueron el presidente del banco y el presidente de la junta directiva. No sé a cuántos candidatos más entrevistaron, pero al final del proceso, un mes después, me ofrecieron el empleo.

¡Acepté! Durante el proceso de entrevistas seguí asistiendo a todas mis clases para la maestría, pero el día que acepté el trabajo dejé el programa de maestría para comenzar mi nueva profesión en la banca.

Había dicho "sí" al trabajo menos relacionado con la banca que se puede tener en el sector bancario, pero no me importaba; en la universidad no me interesaban las finanzas ni la contabilidad. Aunque no lo sabía en ese momento, lo más valioso de ese empleo sería mi oportunidad de ver, a la edad de veinticuatro años, la perspectiva que tiene un ejecutivo acerca de la organización como un todo. Fui testigo de primera mano de la presión, las responsabilidades y los beneficios únicos que ellos tienen, y poder verlo me dio una perspectiva que muchas personas nunca llegan a tener. Como resultado, mi visión acerca de los negocios, el liderazgo y las oportunidades cambió para siempre. Todo se ve diferente cuando lo miras desde arriba en lugar de mirarlo desde abajo.

El banco para el que trabajaba tenía rentada la mayor parte de un edificio de cincuenta y dos plantas que había sido diseñado por el mismo arquitecto que diseñó el World Trade Center en Nueva York: Minoru Yamasaki. Nuestro edificio parecía una réplica exacta de esas torres, exceptuando el hecho de que era cuarenta y ocho plantas más bajo. En la planta cincuenta y dos estaba situado el restaurante para ejecutivos: un lugar precioso con pisos de mármol italiano y enormes cristaleras para comer con clientes. Como yo supervisaba este servicio, pasé muchas horas mirando abajo y alrededor desde una altura de más de quinientos pies.

A algunas personas les asustaban las vistas, mientras que otras disfrutaban del esplendor de observar desde arriba toda la ciudad y muchos de los barrios de las afueras. Eso me ayudó a darme cuenta de que yo soy el que controla mi perspectiva y decide qué vistas tengo delante.

A veces necesitamos ver las cosas desde una perspectiva diferente para desbloquear el plan de Dios. Busca una perspectiva diferente, porque la situación podría verse diferente desde otro ángulo. Cámbiate a ti mismo cambiando tu perspectiva. Busca la belleza en los lugares inesperados en los que nadie más busca.

Nunca alcanzarás tu máximo potencial si limitas tu vida a creer que las únicas vistas que importan son las tuyas. Un cambio de perspectiva puede crear una nueva realidad, porque cuando ves las cosas únicamente desde tu perspectiva y te niegas a estar abierto a otros puntos de vista, podrías perderte lo que Dios intenta enseñarte o el lugar donde te quiere llevar. El periodista Al Neuharth observó: "La diferencia entre una montaña y una madriguera de un topo es tu perspectiva".

Esta es la perspectiva que Dios nos dice que tengamos: El versículo en 2 Corintios 4:17 dice: "nuestras dificultades actuales son pequeñas y no durarán mucho tiempo. Sin embargo, ¡nos producen una gloria que durará para siempre y que es de mucho más peso que las dificultades!" (NTV). Por lo tanto, no debemos mirar a los problemas que ahora podemos ver, sino fijar nuestra mirada en las cosas que no podemos ver. Las cosas que ahora vemos pronto desaparecerán, pero las cosas que no podemos ver durarán para siempre.

Lo que más desestabiliza nuestras vidas es la imagen que hay en nuestra cabeza de cómo "deberían" ser las cosas. Nuestra perspectiva tiene influencia sobre todo lo que nos rodea: nuestra opinión, nuestro modo de pensar, nuestra actitud, nuestras expectativas, nuestros principios y nuestras creencias. "La sabiduría es intentar mirar la vida desde el punto de vista de Dios", dice Adrian Rogers en su libro *What Every Christian Ought to Know* (Lo que todo cristiano debería saber).[1]

Cambia tu vida cambiando tu punto de vista. No puedes ver el amanecer si miras hacia el oeste. Prepárate para recibir todo lo que Dios tiene para ti, mirando la vida desde su perspectiva.

36

El temor miente

El rostro de mis padres resplandecía cuando entraron a mi cuarto. "John, has sido seleccionado para ser rey del festival infantil". El festival veraniego anual invitaba a todos los niños de nuestro barrio a decorar sus bicicletas, ponerse disfraces y desfilar por las calles de nuestra comunidad. Las familias salían a mirar y a animar a sus amigos, familiares y vecinos.

Cada festival tenía un rey y una reina que se ponían coronas y unas elaboradas bandas con las palabras "Rey" o "Reina", mientras montaban sobre un convertible y saludaban a la multitud recorriendo todas las calles del vecindario.

Imagínate el desfile de la Rosa anual de Año Nuevo, pero a nivel local. Bueno, no tanto.

Aunque mis padres estaban felices porque me habían escogido, yo no. Era la peor pesadilla de cualquier niño de ocho años. Ser el rey significaba que tenía que sentarme junto a la *reina*, o más dolorosamente, ¡una *niña*! Ese era el último lugar donde yo quería estar. Porque las niñas, como sabía cualquier niño en la década de 1960, ¡tenían piojos! Seguro que la reina me contagiaría si tenía que sentarme a su lado por más de una hora.

Por supuesto, tenía que hacerlo porque mis padres lo decían. En esos tiempos, no se podía discutir con ellos. Así que cumplí con mi responsabilidad vecinal como Rey Northcrest del festival infantil. Llevaba una corona, una faja real, y un traje que movía ante la multitud. En realidad, no me contagié de piojos ese día, pero tenía miedo de que me pudiera pasar. Que yo recuerde, ser el rey del festival infantil fue mi primer encuentro con el temor. Estaba experimentando el famoso dicho: "El temor es una falsa evidencia que parece real".

Hoy día estoy rodeado de todo tipo de "portadoras de piojos": mi esposa, mi hija, dos nueras, y tres nietas que son adorables. Sobrevivo bastante bien en ese ámbito, pero el temor aún intenta mostrar su feo rostro.

La Biblia es nuestra vía de escape del temor. Es nuestra ventaja divina siempre que nos sentimos atenazados por el temor y la ansiedad. Hebreos 4:12 nos recuerda: "La palabra de Dios es viva y eficaz, y más cortante que las espadas de dos filos, pues penetra hasta partir el alma y el espíritu, las coyunturas y los tuétanos, y discierne los pensamientos y las intenciones del corazón" (RVC).

El temor quiere engañarnos, robarnos, y perturbar nuestra fe. El temor nos grita: *¡Soy real!* Pero casi todas las veces no lo es. No hay un engaño más grande que el temor.

Como la Biblia es un libro sobre la fe, tiene mucho que decir sobre el temor. La fe y el temor tienen mucho en común. Ambos creen que sucederá eso que no puedes ver.

Nunca confíes en tus temores; ellos no conocen la fuerza que tienes con Dios. Filipenses 4:6-7 dice: "No se preocupen por nada; en cambio, oren por todo. Díganle a Dios lo que necesitan y denle gracias por todo lo que él ha hecho. Así experimentarán la paz de Dios, que supera todo lo que podemos entender. La paz de Dios cuidará su corazón y su mente mientras vivan en Cristo Jesús" (NTV).

Tener miedo a que las cosas salgan mal no es la manera de que salgan bien. ¿Cómo sería tu vida si te atrevieras a ignorar el temor e intentaras algo? El temor es solo temporal; el lamento dura para siempre.

Piensa en lo que te podrías estar perdiendo si dejaras que el temor ganara al quedarte en tu zona de confort, jugando a lo seguro, y sin dar el paso de fe que podría cambiarlo todo. "Dios no cambia sus planes para ajustarse a nuestros temores", dice el pastor Kevin Gerald. No dejes que tus temores te impidan ser grande.

He escuchado que hay 365 versículos en la Biblia que hablan del temor, uno para cada día del año, una respuesta diaria al temor que estás enfrentando.

La preocupación es una conversación que tienes contigo mismo sobre cosas que no puedes cambiar. La oración es una conversación que tienes con Dios sobre algo que Él puede cambiar.

Cuando llegue el temor, espera lo contrario según esta promesa: "Porque no nos ha dado Dios un espíritu de cobardía, sino de poder, de amor y de dominio propio" (2 Timoteo 1:7 RVC).

Eleanor Roosevelt dijo: "Obtenemos fortaleza, valor y confianza con cada experiencia en la que realmente dejamos de mirar al temor a la cara. Debemos hacer lo que creemos que no podemos hacer". Sal de tu zona de confort. Confía en Dios, y da ese paso de fe. Lo que Él puso en tu corazón que hagas, te está esperando al otro lado de tus temores.

37

Vete para crecer

Hace varios años atrás, recibí por sorpresa una llamada telefónica de un hombre a quien conocía desde la universidad. En ese entonces, él tenía un puesto importante en una megaiglesia muy conocida, pero controladora. Quería almorzar conmigo, y recuerdo perfectamente sentarnos en un restaurante vietnamita mientras me miraba directamente a los ojos y me preguntaba: "¿Cómo te las arreglaste para salir de la iglesia _____?".

Francamente, me sorprendió oírlo preguntar eso. Siempre había supuesto que él era la persona perfecta para esa iglesia. Sin embargo, aunque tenía una presencia pública importante allí, le faltaba algo. Estaba aburrido, sin emoción. También sufría una traba psicológica con el estilo de dirección del liderazgo.

Esa iglesia tenía una política no escrita: no bendecía a los que se iban. Pero, por otro lado, aceptaba a todo aquel que quisiera cambiarse de iglesia y acudir a la suya. Creo que a eso se le llama "leyes para ellos pero no para mí". Además, si alguien decidía dejar su iglesia, su única respuesta era: "La puerta está abierta si algún día quieres volver". Y, cuando alguien regresaba al redil, ellos compartían "testimonios" de personas que habían dejado su iglesia solo para encontrar todo tipo de problemas, pero esas personas habían regresado a "casa" y ahora las cosas eran mucho mejor. La implicación obvia era esta: si te vas, tendrás problemas. Si te quedas, estarás a salvo.

Recuerdo la expresión de preocupación de mi amigo. "No es fácil irse de esa iglesia", dije yo. "Después, algunas personas no se juntarán más contigo, y una grabación en tu cabeza contará todas las historias malas que has oído sobre los que se fueron". Sin embargo, después le aseguré. "Pero irte hará que tu vida mejore sustancialmente. Descubrirás que hay un gran mundo ahí afuera esperando a que lo influyas usando tus dones".

Aunque no conozco su origen, esta es una historia que se cuenta a menudo para explicar este punto.

Un padre le dijo a su hija: "Felicidades por tu graduación. Te compré un automóvil hace tiempo, y quiero que lo tengas ahora. Pero, antes de dártelo, llévalo a una concesionaria de autos en la ciudad y pregunta cuánto te ofrecen por él".

La muchacha regresó con el padre y le dijo: "Me ofrecieron solo diez mil dólares porque es muy antiguo".

El padre dijo: "Está bien, ahora pregunta en una casa de empeños".

La muchacha regresó con su padre y dijo: "La casa de empeños me ofreció solo mil dólares porque no solo es muy antiguo sino que además necesita muchas reparaciones".

Después, el padre le dijo que se fuera a un club con expertos apasionados de los automóviles y se lo enseñara. Tras unas horas, regresó y le dijo a su padre: "Algunas personas del club me ofrecieron cien mil dólares porque es un automóvil muy poco frecuente y está en buen estado".

Entonces, el padre le dijo: "Quiero que sepas que la gente no te valorará hasta que estés en el lugar adecuado. Si no te aprecian, no te enojes. Eso solo significa que estás en el lugar incorrecto. No te quedes donde nadie ve tu verdadero valor".

Tal vez, el lugar donde has estado por mucho tiempo ya no es el lugar donde tienes que estar ahora. Ama a las personas allí, perdónalas, ora por ellas y bendícelas, pero después continúa sin ellas. Eclesiastés 3:1 dice: "Hay una temporada para todo, un tiempo para cada actividad bajo el cielo" (NTV). Es posible terminar y no enojarse o guardar rencor. Alejarse es avanzar. Decir adiós puede abrir las puertas por las que Dios quiere que entremos.

Ve. Ve donde respires con libertad, seas respetado, y puedas ser tú mismo. Deja esa mala relación y gánate el respeto a ti mismo. He oído decir: "No nos alejamos para enseñar a la gente una lección. Nos alejamos porque finalmente aprendemos la nuestra". Sé lo suficientemente fuerte para irte y lo suficientemente paciente para permitir que Dios termine el cambio en ti. Huye de los que conocen todas tus faltas pero quieren que pases por alto todas las suyas.

Colosenses 3:15 me ha ayudado a tomar mejores decisiones. Dice: "Que en el corazón de ustedes gobierne la paz de Cristo" (RVC). La palabra *gobierne* significa "arbitrar". La paz de Dios puede decir "fuera" a relaciones inapropiadas o "seguridad" a una oportunidad. Presta atención a si tienes la paz de Dios en tu interior, por muy bueno que pueda parecer algo. Si no tienes su paz, aléjate. Siempre es mejor perder una oportunidad, que participar de algo en lo que se supone que no debes participar.

El Dr. Steve Maraboli dijo: "No puedes dejar que la gente te asuste. No puedes vivir toda tu vida intentando agradar a todos. No puedes vivir tu vida preocupado por lo que los demás vayan a pensar. Ya se trate de tu cabello, tu ropa, lo que tienes que decir, cómo te sientes, lo que crees y lo que tienes, no puedes dejar que el juicio de otros te impida ser tú mismo porque, si lo haces, dejarás de ser tú para convertirte en la persona que todos los demás quieren que seas".

Cuando ya no queda razón alguna para quedarse, es el momento de irse.

La autora Mandy Hale ha dicho: "El crecimiento es doloroso. El cambio es doloroso. Pero nada es tan doloroso como quedarse atascado en algún lugar donde no perteneces". Date permiso a ti mismo para irte. Disfruta del sonido de tus pies alejándote de situaciones que ya no son para ti. Debes dejar de regar las plantas muertas.

38

Señor, ten misericordia

A finales de la década de los ochenta tuve el privilegio de ayudar a una iglesia creciente maravillosa en Montgomery, Alabama. El pastor y yo realmente nos llevábamos muy bien, y trabajábamos bien juntos. Yo me encargaba de la consultoría de la planificación estratégica, las descripciones de trabajo, el mercadeo y la compensación. Él era una de esas personas que piensan fuera de la caja, y había contratado a una gran plantilla de personal. Juntos, estaban haciendo un gran trabajo en la ciudad.

Después de trabajar todo el día, él sugirió que fuéramos a un restaurante nuevo que acababa de abrir en la zona. No estaba lejos de mi hotel, y me dijo que el hotel tenía transporte gratuito hasta ese lugar. Sonaba muy bien, así que al regresar al hotel pregunté sobre ese servicio para desayunar a la mañana siguiente. El gerente del hotel me acompañó hasta la calle y me señaló hacia una bonita limusina. De un blanco reluciente, la limusina excepcionalmente larga parecía totalmente nueva. Era impresionante.

Sí, eso es lo que ellos tenían para sus clientes si querían que los llevaran a algún sitio. Lo único que tenía que hacer era reservarla. Le dije que me gustaría que me llevaran al restaurante para desayunar a la mañana siguiente, que era sábado en la mañana.

Llegó la mañana, y yo estaba emocionado de ir a ese lugar para un buen desayuno antes de trabajar ese día en la iglesia. En el vestíbulo del hotel me esperaba un empleado del hotel listo para llevarme en esa fantástica limusina.

El conductor abrió la puerta, y me senté en el lujoso asiento de piel trasero. Listo para salir, el conductor apretó el botón para abrir la ventana que había entre nosotros y me preguntó dónde quería ir. Se lo dije, y comenzamos a avanzar.

El restaurante probablemente estaba a menos de ocho kilómetros del hotel, y según nos acercábamos, porque viajábamos en una carretera larga y con curvas, pude verlo a la distancia.

Me di cuenta de que el Cracker Barrel, sí, el Cracker Barrel, una cadena de restaurantes muy familiar que muchos conocen, estaba bastante lleno porque había personas sentadas en las más de veinte mecedoras del frente, y bastantes más de pie. Todos estaban esperando a que los llamaran para entrar. Entonces me di cuenta de que algunos entre la multitud habían dejado de hablar y miraban hacia nosotros. Pensé: *Me pregunto si piensan que soy algún famoso.* Me dio risa.

En efecto, cuando llegamos al frente del restaurante, todos miraron hacia mí mientras el conductor salía y me abría la puerta. Después entré orgullosamente en el restaurante, solo para ver que tenía que esperar para conseguir mesa, igual que los "plebeyos". Mientras tanto, todos me miraban pensando: *¿Quién es este tipo?*

Cuando conseguí sentarme, durante el tiempo que tardé en saborear mi delicioso desayuno observé a varios grupitos de personas mirándome y hablando entre ellos, sin duda para intentar descubrir quién era yo. Debo admitir que eso lo disfruté mucho; me encantan las bromas.

Había acordado con el conductor que me recogiera a una hora específica, y cuando terminé de comer, aún me faltaban unos quince minutos para esa hora. Así que salí del restaurante, encontré una mecedora vacía, y me senté con la gente que esperaba para entrar a comer.

Comencé a conversar con un hombre en la mecedora de al lado. Me dijo que había un rumor en el restaurante. El rumor era que una estrella del country muy famoso que había dado un concierto la noche anterior iba a venir aquí a comer. Era de todos sabido que su restaurante favorito era el Cracker Barrel.

Enseguida, a lo lejos, pude ver esa larga limusina blanca dirigiéndose hacia el restaurante, al igual que todos los que estaban afuera. La gente comenzó a hablar, convencidos de que esta estrella del country famoso se dirigía hacia ellos, y no podían aguantar para verlo, conseguir su autógrafo, o tomarse una foto. Incluso el hombre que había a mi lado dijo que estaba seguro de que esa limusina era la que llevaba a esta estrella allí para comer.

Yo me estaba divirtiendo con la situación. Sabía que la limusina llegaba para recoger a John, el consultor de Oklahoma, y no a un cantante famoso.

Nunca olvidaré la mirada en las caras de todos cuando se acercó la limusina. El conductor salió del vehículo, se acercó a mí en la mecedora, y dijo: "Sr. Mason, ¿está usted listo para irnos?". Todos me miraban mientras caminaba hacia la parte trasera de la limusina. Me fui riendo todo el camino de regreso al hotel.

Tras "ser una leyenda en mi propia mente" en Montgomery, Alabama, sé que las cosas no siempre son lo que parecen. De hecho, a veces pueden ser justamente lo contrario de lo que vemos. Estoy seguro de que Dios, en su misericordia, a veces nos mira del mismo modo, y quizá también sonríe pensando: *Hijo mío, lo que está ocurriendo no es lo que crees que está ocurriendo. Me gustaría que no te preocuparas tanto, que no estuvieras tan confundido, o que pensaras que esto saldrá de cierto modo en lugar de confiar en que yo me voy a ocupar de mis hijos. No dejes que lo que crees que ves te haga olvidar lo que yo he dicho.*

Todos necesitamos misericordia cada día. Gracias a Dios, Lamentaciones 3:22-23 dice: "Por la misericordia del Señor no hemos sido consumidos; ¡nunca su misericordia se ha agotado! ¡Grande es su fidelidad, y cada mañana se renueva!" (RVC). Esta mañana, tú y yo recibimos nueva misericordia de parte de Dios. ¿Acaso no necesitamos todos un poco más de misericordia y gracia?

Nada es lo que parece. Una versión distinta de ti existe en la mente de todo el que te conoce, así como tú ves a la gente de manera distinta a como ellos mismos se ven. Deja que eso te lleve a dar más misericordia y gracia a otros.

Esta es otra historia, contada en versiones ligeramente distintas.

Una ancianita de cabello plateado llama a su vecino y le dice: "Por favor, ven a ayudarme. Tengo un rompecabezas, y no sé cómo empezar".

Su vecino le pregunta: "¿Qué se supone que será cuando esté terminado?".

La ancianita de cabello plateado dice: "Según la imagen de la caja, es un gallo".

Su vecino decide acercarse y ayudarle con el rompecabezas. Ella le abre la puerta y le enseña dónde tiene el rompecabezas esparcido por toda la mesa. Él estudia las piezas un instante, y después mira a la caja antes de girarse hacia ella y decirle: "En primer lugar, hagamos lo que hagamos, no conseguiremos juntar estas piezas y formar algo que se parezca a un gallo".

Después la toma de la mano y le dice amablemente: "En segundo lugar, quiero que usted se relaje. Tomemos una taza de té, y después", dice dando un gran suspiro, "guardemos todos los copos de cereales otra vez en su caja".

Así como este vecino tuvo misericordia con la ancianita, expresemos tú y yo cómo vive Dios en nosotros dando a otros abundante misericordia. Mañana tú podrías estar junto a alguien que se está esforzando al máximo por no desmoronarse. Judas 1:22 dice: "Deben tener compasión de los que no están firmes en la fe" (NTV). Cuando nos miramos a nosotros mismos y a otros, nos damos cuenta de que todos necesitamos misericordia y toda la gracia inmerecida que podamos recibir.

Mateo 5:7 dice: "Afortunados los que tienen compasión de otros, porque Dios también tendrá compasión de ellos" (PDT). ¿Por qué no compartes hoy con alguien parte de la misericordia que has recibido? Al hacerlo, la misericordia te volverá a` ti. Recuerda: "¡El Señor es bueno! ¡Su misericordia es eterna! ¡Su verdad permanece para siempre!" (Salmos 100:5 RVC). Por lo tanto, recibamos y compartamos su misericordia nueva y eterna hoy. Sin duda que todos la necesitamos.

39

Salvado por una pregunta

Era una hermosa mañana de domingo en Fort Wayne, Indiana, y mi familia se había levantado temprano para asistir al servicio de la iglesia Memorial Baptist Church. Éramos miembros desde hacía varios años atrás.

Nos sentamos juntos en el lado derecho del santuario, en la mitad de la iglesia; casi en la primera fila para ser una iglesia bautista. Recuerdo que llevaba mis zapatos favoritos: mis mocasines. El estilo de zapatos era popular, y como cualquier niño de doce años, estaba orgulloso de tener mi propio par. Había decidido llevarlos a todas partes, aunque el uso constante de los mismos había hecho que la costura del empeine del pie derecho se descosiera. Como resultado, se me veía el calcetín blanco. Sin embargo, a pesar de ese percance, nada iba a impedir que me pusiera esos zapatos.

No hubo nada destacado del servicio esa mañana, pero algo estaba a punto de ocurrir que cambiaría mi vida para siempre. Primero, escuché el sermón. Entonces, mientras el pastor Richard Mitchell terminaba su mensaje, echó un vistazo a la congregación e hizo esta pregunta: "Si usted muriera hoy mismo, ¿está seguro de que iría al cielo?".

Estoy seguro de que había oído esa pregunta muchas veces anteriormente, pero ese día del verano de 1967 me impactó de modo especial. Mientras oía las palabras del pastor Mitchell, mi corazón se abrió. El pastor seguía diciendo: "Si aceptan a Jesucristo como su Señor y Salvador, sabrán en este mismo momento que irán al cielo. Si quieren recibir a Jesús, les invito a pasar al frente del santuario y declararlo públicamente".

Me puse en pie sin dudarlo, me dirigí al pasillo central, y avancé hasta el pastor Mitchell. Al hacerlo, observé mi calcetín blanco, visible para todos. Pero nada iba a detenerme.

Mirando atrás, sé que el Espíritu Santo me estaba acercando a Dios, y lo que estaba ocurriendo era profundamente real para mí. Tomé mi decisión de aceptar a Cristo esa mañana por la poderosa pregunta que mi pastor nos hizo a todos en el servicio.

Me emociona haber respondido a la pregunta de mi pastor del modo en que lo hice, porque Jesús ha marcado la diferencia en mi vida.

Nuestras respuestas marcan la diferencia, no solo para la eternidad sino también para lo bueno y lo malo aquí en la tierra. Estás donde estás hoy por las preguntas que te has hecho a ti mismo y a otros. Para llegar donde quieres estar, debes hacer las preguntas correctas. La diferencia entre personas fuera de lo común y personas comunes, es que las personas fuera de lo común hacen mejores preguntas y, por lo tanto, consiguen mejores resultados.

Así es como podemos descubrir las respuestas más importantes de la vida: haciendo preguntas. Hacer preguntas es una forma segura de aprender, crecer, y encontrar las respuestas que estamos buscando. Hacer preguntas es un método que usó el mejor maestro de todos: Jesús. En el Nuevo Testamento está escrito que hizo más de 150 preguntas. Me gusta decir: "Él es la respuesta, pero también está haciendo todas las preguntas".

Sé alguien fuera de lo común haciendo estas veintiún preguntas de Jesús:

1. "Miren los pájaros. No plantan ni cosechan ni guardan comida en graneros, porque el Padre celestial los

alimenta. ¿Y no son ustedes para él mucho más valiosos que ellos?" (Mateo 6:26 NTV).

2. "Si ustedes aman solamente a quienes los aman, ¿qué recompensa recibirán? ¿Acaso no hacen eso hasta los recaudadores de impuestos?" (Mateo 5:46).

3. "¿Por qué te fijas en la astilla que tiene tu hermano en el ojo, y no le das importancia a la viga que está en el tuyo?" (Mateo 7:3).

4. "¿Y por qué ustedes quebrantan el mandamiento de Dios a causa de la tradición?" (Mateo 15:3).

5. "Y ustedes, ¿quién dicen que soy yo?" (Mateo 16:15).

6. "¿Y qué beneficio obtienes si ganas el mundo entero, pero pierdes tu propia alma? ¿Hay algo que valga más que tu alma?" (Mateo 16:26 NTV).

7. "¿No han leído nunca en las Escrituras...?" (Mateo 21:42).

8. "¿Cómo escaparán ustedes de la condenación del infierno?" (Mateo 23:33).

9. "¿Por qué tienen tanto miedo? ¿Todavía no tienen fe?" (Marcos 4:40).

10. "¿Por qué razonan así?" (Lucas 5:22).

11. "¿Por qué me llaman ustedes 'Señor, Señor', y no hacen lo que les digo?" (Lucas 6:46).

12. "¿Dónde está la fe de ustedes?" (Lucas 8:25).

13. "No obstante, cuando venga el Hijo del hombre, ¿encontrará fe en la tierra?" (Lucas 18:8).

14. "¿Qué piensan? Si un hombre tiene cien ovejas, y una de ellas se pierde, ¿no dejará las otras noventa y nueve en

la montaña e irá en busca de la oveja perdida?" (Mateo 18:12 AMP, traducción libre).

15. "¿Quién de ustedes, por mucho que se preocupe, puede añadir una sola hora al curso de su vida?" (Lucas 12:25).

16. "Jesús sabía lo que ellos estaban pensando, así que les preguntó: ¿Por qué tienen pensamientos tan malvados en el corazón?" (Mateo 9:4 NTV).

17. "¿Creen que puedo sanarlos?" (Mateo 9:28).

18. "Y les dijo: ¿Por qué están preocupados y afligidos, y por qué albergan dudas y preguntas en su corazón?" (Lucas 24:38 AMP, traducción libre).

19. "¿Qué piensan del Cristo? ¿De quién es hijo?" (Mateo 22:42 AMP, traducción libre).

20. "¿Qué quieren que haga por ustedes?" (Mateo 20:32). Jesús preguntó otras siete veces en el Nuevo Testamento: "¿Qué quieren que haga?".

21. "¿Me quieres?" (Juan 21:17).

¿Qué preguntas están moldeando tu vida? Sin importar qué área de tu vida quieras mejorar, puedes hacer preguntas que te proporcionen las respuestas correctas. Las respuestas más importantes de la vida se pueden encontrar haciendo las preguntas correctas.

40

¿Y si es cierto?

"¡John!", escuché que gritaba una voz familiar. Era Bill.

Yo estaba de pie en el estacionamiento de la escuela donde en otros tiempos fui entrenador de básquet allí. Conocía a Bill como el padrastro de un joven que había jugado en mi equipo de básquet. Su hijo era de esos que peleaba cada balón, que presionaba, que daba el cien por ciento cada minuto que estaba en la cancha; ese tipo de jugador que todo entrenador quería tener en su equipo.

Bill también era un gran hombre. Tenía un trasfondo de negocios y había experimentado una conversión a Cristo bastante radical. Debido a sus habilidades de liderazgo, un instituto bíblico local destacado lo nombró director de toda la escuela.

Mientras Bill caminaba hacia mí, dijo: "Tengo que hablar contigo de algo".

Bueno, yo era todo oídos.

"John, me gustaría que enseñaras un curso sobre la fe".

Tienes que entender que yo vivo en una ciudad que es conocida por enseñar la fe. De hecho, tenemos un gran instituto bíblico levantado principalmente en torno a la enseñanza sobre la fe. El instituto bíblico donde me estaba pidiendo que enseñara este curso también era conocido porque enseñar sobre la fe era su fuerte.

Debo admitir que me reí, preguntándome si eso era algún tipo de broma. Mi primera respuesta fue: "Estás bromeando, ¿no?".

"No. Lo digo en serio. Creo que serías la persona perfecta para enseñar esta clase. Creo que eres la persona correcta que Dios quiere para esto".

Hice una pausa por un momento, sintiéndome totalmente inepto; irónicamente, supe que exigía de mí tener fe para incluso suponer que podía hacerlo. Así que le dije que tenía que pensarlo y orar por ello.

Me alejé sintiendo que, de algún modo, eso era algo que tenía que hacer. Sabía que Dios aún no había llamado a nadie calificado para trabajar para Él, y ciertamente yo encajaba ahí. *Pero, me preguntaba, ¿qué ocurre si lo que Bill dijo es cierto? ¿Qué tal si Dios me ha escogido para esto?*

No tardé mucho en contactar de nuevo con Bill para expresarle mi decisión. Dije que sí. Sabía que tenía que hacerlo aunque no tenía ni experiencia ni credenciales para ello. Sin embargo, sí tenía dirección de cómo debía enseñar esa clase. Así que le dije a Bill: "Enseñaré la clase sobre la fe con una condición: que también pueda enseñar sobre el amor y las obras". Sabía que la Biblia enseña que la fe actúa a través del amor (ver Gálatas 5:6) y que la fe sin obras está muerta (ver Santiago 2:17). No estaba dispuesto a enseñar un curso sobre la fe sin incluir toda la verdad.

Enseñé el curso, o quizá debería decir que el curso me enseñó a mí. Los estudiantes respondieron bien, y ocurrió algo bueno dentro de mí.

Un ministro amigo mío solía decir: "¿Y si es cierto?" cuando se refería a las Escrituras. Cuando te haces esa pregunta, al principio parece como si fuera una duda. Pero, ¿no es acaso una frase que una persona que anda por fe podría hacer?

Creo que ese tipo de esperanza espiritual es una manera excelente de vivir tu vida. ¿Qué ocurriría si aplicaras esa pregunta de una forma positiva y no con dudas? Creo que tu fe crecería y que llegarían a tu vida oportunidades que nunca antes habrías visto sin esa pregunta.

Piensa en ello. ¿Y si es cierto que...

+ Dios quiere prosperarte y que tengas salud, así como prospera tu alma (ver 3 Juan 1:2).

+ Nada puede separarte del amor que Dios te tiene (ver Romanos 8:39).

+ Dios hace que todo sea para bien (ver Romanos 8:28).

+ Dios te da sabiduría (ver Santiago 1:5).

+ Dios te protegerá (ver Salmos 91:2).

+ Dios suplirá todas tus necesidades (ver Filipenses 4:19).

+ Dios es fiel (ver Josué 1:9).

+ Dios está listo para perdonar tus pecados (ver Salmos 86:5).

+ Puedes confiar en Dios (ver Hebreos 10:23).

+ Dios es tu fortaleza (ver Filipenses 4:13).

+ La misericordia de Dios es nueva cada mañana (ver Lamentaciones 3:23).

+ Dios te creó con un propósito (ver Efesios 2:10).

+ Jesús quiere que tengas vida en abundancia (ver Juan 10:10).

+ Jesús escucha tus oraciones (ver Juan 14:13-14).

+ Dios te da paz (ver Juan 14:27).

+ Dios provee una salida de las dificultades (ver 1 Corintios 10:13).

+ Dios nos da una solución para el temor (ver 1 Pedro 5:7).

+ Dios te ama (ver 1 Juan 4:9-10).

+ Dios te promete vida eterna (ver Juan 3:16).

Si vas a creer todo lo que leas, comienza con la Biblia. Dios nos hace a ti y a mí más de siete mil promesas en su Palabra. ¿Son verdad? Esta es la respuesta: "Porque todas las promesas de Dios en él son «Sí». Por eso, por medio de él también nosotros decimos «Amén», para la gloria de Dios" (2 Corintios 1:20 RVC).

Piénsalo. ¿Y si es cierto que Dios quiere que seas alguien fuera de lo común?

Sé alguien fuera de lo común

No te permitas a ti mismo estar entre los últimos de arriba, ser el mejor de los peores, el primero de los de abajo, y el peor de los mejores. Usa los talentos que Dios te dio; no los entierres. Lo mejor acerca del futuro es que comienza mañana. Por lo tanto, abandona la vida común y vive la vida fuera de lo común que Dios planeó para ti. Ahora es el tiempo de ser fuera de lo común.

Vive genuinamente.

Crece continuamente.

Celebra a las personas.

Espera lo mejor.

Vigila tus palabras.

Decide perdonar.

Ríete cada día.

Adora al Rey de reyes.

Vive por fe.

Sirve a otros.

Habla con Dios.

Escucha a Dios.

Da todo de ti.

Sé libre.

Camina en humildad.

Confía siempre en Dios.

Cuéntale a otros sobre la buena noticia.

Ama a Dios, y ama a los demás.

Notas

INTRODUCCIÓN

1. Vocabulary.com, s.v. "common", consultado en línea 11 de julio de 2022, https://www.vocabulary.com/dictionary/common.

CAPÍTULO 4: MANTENTE ALEJADO DE LA PENDIENTE RESBALOSA

1. Joyce Meyer, *Making Good Habits, Breaking Bad Habits: 14 New Behaviors That Will Energize Your Life* (Nashville: FaithWords, 2013), p. 7. (*Cómo formar buenos hábitos y romper malos hábitos: 14 nuevas conductas que vigorizarán su vida*)

CAPÍTULO 10: DECIR LA VERDAD

1. "Decir la verdad cuando somos tentados a mentir puede mejorar significativamente la salud mental y física de una persona, según un estudio de 'Science Of Honesty' presentado en la 120 Convención Anual de la Asociación Americana de Psicología". La autora Anita E. Kelly, doctora y profesora de psicología en la Universidad de Notre Dame, revela: "Descubrimos que los participantes podían reducir deliberadamente y drásticamente sus mentiras cotidianas y que, a su vez, eso estaba relacionado con una significativa mejora en su salud". Ver "Lying Less Linked to Better Health, New Research Finds", American Psychological Association, consultado en línea 1 de agosto de 2022, https://www.apa.org/news/press/releases/2012/08/lying-less.

CAPÍTULO 11: DONDE ESTÁS AHORA ES EL MEJOR LUGAR PARA COMENZAR

1. Stephen King, *On Writing: A Memoir of the Craft* (New York: Scribner, 2002), p. 269.

CAPÍTULO 12: DIFERENTE ES LA DIFERENCIA

1. Kurt Vonnegut, *Player Piano* (New York: The Dial Press, 1999), p. 84.

CAPÍTULO 13: SIGUE EL MOVIMIENTO

1. Keely Levins, "Want to Know Your Odds for a Hole-in-One? Well, Here They Are", Golf Digest, 8 de noviembre de 2013, consultado en línea, https://www.golfdigest.com/story/want-to-know-your-odds-for-a-hole-in-one-well-here-they-are.

2. Joe Gillard, "Romand McNair, the Boy Who Refused to Leave the Library", *History Hustle*, 29 de marzo de 2020, consultado en línea, https://historyhustle.com/ronald-mcnair/.

CAPÍTULO 23: EL ÉXITO ES UNA SERIE DE PEQUEÑAS VICTORIAS

1. Robin Sharma (@RobinSharma), "The way we do small things determines the way we do everything", Twitter, 24 de agosto de 2015, 11:55 a.m., consultado en línea, https://twitter.com/robinsharma/status/635842855106408448?lang=en.

2. The Hobbit, dirigida por Peter Jackson (Burbank, CA: Warner Bros. Pictures, 2012).

CAPÍTULO 26: TE PERDONO. ADIÓS.

1. Rick Warren, *God´s Power to Change Your Life* (Grand Rapids: Zondervan, 2008), p. 53. (*El poder de Dios para transformar su vida*)

CAPÍTULO 33: LA AYUDA ESTÁ EN CAMINO

1. Max Lucado, *Grace for the Moment: Morning and Evening Devotional Journal* (Nashville: Thomas Nelson, 2013), p. 157. (*Gracia para todo momento*)

CAPÍTULO 35: LA ACTITUD DETERMINA EL RESULTADO

1. Adrian Rogers, *What Every Christian Ought to Know: Solid Grounding for a Growing Faith* (Nashville: B&H, 2012), p. 165.

Acerca del autor

John Mason es un escritor internacional de éxitos de ventas, orador, ministro y coach de autores. Es el fundador y presidente de Insight International e Insight Publishing Group, organizaciones dedicadas a ayudar a las personas a alcanzar sus sueños y cumplir el destino que Dios les ha dado.

Ha escrito treinta y dos libros, entre los que se incluyen *Un enemigo llamado promedio; Usted nació original, no muera como una copia; Suéltese de lo que le detiene; y Conozca sus límites, y luego ignórelos,* que han vendido más de dos millones de ejemplares y se han traducido a cuarenta idiomas por todo el mundo Sus libros se consideran generalmente fuentes de sabiduría piadosa, motivación bíblica, y principios prácticos. Sus escritos se han publicado en el *Reader's Digest* y en otras muchas publicaciones internacionales. Además, siete de sus libros han llegado a ser el número uno en la lista de éxitos de ventas de Amazon.

Conocido por su agudeza, pensamientos poderosos e ideas brillantes, es un conferencista popular en todos los Estados Unidos y alrededor del mundo.

John y su esposa Linda tienen cuatro hijos: Michelle, Greg, Michael y David, y cinco nietos: Emma, Olivia, Beckett, Darby y Briggs.